戴爾・卡耐基 著

林肯外傳

暢銷書排行榜第一名

林肯逝世的第二天——

小泰德問一位到白宮來的訪客，他的父親是不是在天堂。

「我絲毫不懷疑啊！」客人答道。

「那麼，我很高興他已經去世，」泰德說道：「因為自從他來這裏以後，從未快樂過，這個地方對他是不相宜的。」

前言

戴爾・卡耐基

有一年春天，我在倫敦的旅館中吃早餐，和平常一樣翻閱早報，看著一些關於美國的新聞，大多是一些很平凡的報導；但在那個早上，卻意外地看到一篇內容豐富的好作品。

報紙的一個專欄刊載著亞伯拉罕・林肯的事——不提他的政治，卻是談論他的私生活；他的憂愁、貧困、失敗和他對安妮的崇高愛情，以及和瑪麗・陶德的悲慘婚姻生活。

我帶著極大的興趣和好奇，閱讀這段專欄。我在中西部生活了二十年，住在離林肯故鄉不遠的地方；我對美國的歷史一向是極感興趣的。本來我以為自己對林肯的生活是相當熟悉的；但不久即發現並非如此。事實上，我這個「美國人」倒是經由倫敦的報章——一個愛爾蘭人寫的專欄，才認識到林肯的生平，真是非常有趣！

同時我也訝異於自己的「無知」，但不久之後，我發覺有許多人也和我一樣。他們對林肯所知道的，便是——他在一間小木屋裡出生，走過好幾哩路借書，到了晚間就在爐火前閱讀；他劈過柵欄木，當過律師。會講一些幽默有趣的話，曾經有人問他：「一個人的兩腿該有多長？」林肯回答：「必須有足夠觸地的長度。」而被稱為「老實的亞伯」。他曾和道格拉斯辯論過；當選美國總統，戴的是絲質大禮帽。解放黑奴，在蓋茨堡曾演說過；他希望曉得格蘭特愛喝什麼牌子的酒，以便也贈送其餘的將官們；而終於在華盛頓的一家戲院裡，被布斯暗殺了……

這引起了我的興趣後，便前往大英博物館，翻閱有關林肯的書籍，我愈讀愈著迷，終於決定要自己寫一本關於林肯的書。我知道我沒有足夠的學養和才幹，來為學者或歷史人物寫出嚴肅的傳記，我覺得關於這類的書籍，已比比皆是，再也用不著我來寫了。然而，我深覺需要有一本簡短的傳記，簡潔扼要地說出他生平中最有趣的事，讓忙碌的現代人看。

我在歐洲寫了一半，而後又在紐約寫了兩年，最後將所寫的東西全投入廢紙簍。然後我到伊利諾州，打算在林肯幻想或勞碌過的地方寫他的故事。好幾個月間我都和一批人在一起，他們的父母都曾和林肯一起工作過。那時，我整天埋在舊書

堆、信件、演說稿、報紙堆，以及陳腐發霉的法院存檔的紀錄中，盡力想要去了解林肯。

我在彼得斯堡待了一個夏季。我住在那裡，因為它離新沙連村僅有一哩路，而林肯便是在那村子度過他生平最快樂的歲月。他在那裡開過一家磨石店和雜貨店、學習法律、幹過織匠、當鬥雞和賽馬的裁判，也曾戀愛，也曾傷心失意。

新沙連是個小村子，居民最多不超過一百人，而它也不過存在了十年左右。當林肯離開那村子後不久，它就被棄而變得荒涼；蝙蝠和燕子在棄屋裡棲息，牛群也在那裡吃草。

幾年以前，伊利諾州政府獲得那地區，把它改建成一座公園，並且蓋起一百年前當地曾有過的木屋。所以現在的新沙連村，看起來宛如林肯在世時的樣子。

林肯曾在下面讀書、角力、或談情說愛的那幾棵橡樹，現今猶在。每天早晨，我總是拿著打字機，開車到那兒，本書大部分章節便是在那棵樹下完成的。它是個多麼適合工作的地點啊！蜿蜒迂曲的桑嘉孟河在我面前流過，周遭樹林的搖曳聲與鳥聲合奏著天然樂曲；而青鳥、金翼啄木鳥和紅雀，在樹木參差中閃著色彩。我彷彿感覺到林肯仍在此地徘徊！

夏夜，當桑嘉孟河堤上的樹林，有鳩鳥啼叫時，或當羅特利基酒店的輪廓浮現在月光下時，我常獨自到那裡去；想像著在一百年前，在這樣的夜裡，年輕的亞伯拉罕・林肯和安妮・羅特利基，手牽手在月色茫茫中漫步，心中不禁激動起來。他們一邊傾聽著夜鶯叫聲，一面幻想著綺麗的夢。我深信林肯已在新沙連村，找到了他此生唯一的快樂。

當我著手寫到有關林肯情人死亡的那一章時，我便帶著一張小桌子和打字機開車到安妮・羅特利基埋葬的地方。那裏荒廢不堪，長滿叢樹，為了走近她的墳墓，必須將雜草、矮樹和籐蔓割除掉。我就在這個林肯曾經痛苦哀傷過的地方，寫下了他的悲傷史。

許多章節都是在春田市寫成的，有些則在林肯住過十六年之久的老家客廳，有些在他撰寫第一次就職演說文的桌子上，而其餘的便是他在法院和瑪麗・陶德爭論的地方完成的。

目錄

第一部

艱辛歲月

〈一七八一年十一月～一八四二年十一月〉

I

在肯塔基州的哈洛堡——當年稱為哈洛村——有個女人名叫安・麥琴迪。

根據歷史記載，是安和她的丈夫，首先將豬、鴨和紡車帶進肯塔基；在那未開化的荒野裡，據說她就是第一個製造出乳酪的女人。然而她的成名，卻是她在紡織方面的貢獻。在那神祕的印地安區，棉花既無法種植又不能買到，而狼群總是在噬害綿羊，因此想要尋找材料做衣服幾乎不可能。於是能幹的安・麥琴迪便發明了紡織的方法，利用兩種又豐富又便宜的物質——即蕁麻和牛毛製造「麥琴迪布」。

那是一件驚天動地的發明，主婦們紛紛跋涉一百五十哩路，以學習這種新技藝。當然她們不只是談論蕁麻和牛毛，常常會天南地北聊個沒完，安・麥琴迪的茅屋不久便成為公認的馬路新聞的交換場所。

在那個時代，通姦是可以提起公訴罪，而私生子卻是一項很輕的罪。很明顯地，在當時最令人感興趣的事——莫過於揭發一些女子的過失，然後將消息向大陪

審團告狀。在哈洛村的法庭裡紀錄著許多不幸的女子，都是由於安・麥琴迪的揭發，而被判通姦之罪。

一七八三年春季，有十七個案件被審，其中八件是關於通姦的。

在這些案件中，有一件是一七八九年十一月二十四日，由大陪審團提起公訴後，所做的判決如下——

露西・哈克斯犯通姦罪。

這不是露西的頭一次犯罪——頭一次還是好幾年前在維吉尼亞的事。那是很久以前的事，缺乏紀錄，只有一點粗略的事實，並沒有必要加以說明。不過從這些資料或其他來源，還可以重編一個故事。無論如何，那些主要的事實，都是有所根據的。

在維吉尼亞州有一塊狹小的土地，其一邊是拉巴漢諾河，另一邊是波多馬克河，這裡就是哈克斯家族的所在。在這一塊地上，還住著華盛頓家、李家、卡特家和蒙特利洛伊家，以及其他許多富貴階級的家族。這些貴族們在基督教堂參加禮拜，而一些貧窮又缺乏教育的家族，像哈克斯家族之流也在那裡做禮拜。

一七八一年十一月的第二個禮拜天，華盛頓將軍邀請貴賓拉法艾德將軍蒞臨教堂，眾人引頸迎接。露西・哈克斯和往常一樣去做禮拜。每一個人都急於要瞧一瞧這個聞名的法國人，就在一個月前，他曾經幫助華盛頓，在約克郡俘虜康華利斯爵士的軍隊。

那天早晨最後的一首聖詩唱完並禱告過後，教區的居民們就排成一列，和這位英雄握手。拉法艾德將軍除了戰術和國家大事外，還對其他事情有所嗜好，他對年輕美貌的婦女尤感興趣。凡是具吸引力的小姐一經介紹，他的慣例總是以接吻為禮儀。在這個早晨，他便在教堂前吻了七個女子；由於如此作法，便引起了許多的爭議，勝過牧師高唱入雲的路加福音第三篇。他所吻過的七個幸運女子中，有一個就是——露西・哈克斯。

然而，這一「吻」竟然觸發一連串的事件——對於美國的影響——猶如他協助美國所打的仗一般，或許影響更深。

那天早上在群眾裏有個未婚男子——是個富貴人家的未婚男子，他對哈克斯家只有模糊的印象，認為他們是目不識丁、又極度貧困的家庭。

但是這個早晨——也許這可能是神經過敏——他覺得拉法艾德將軍吻露西・哈克斯的時候，似乎比吻其他女子更帶著一些熱忱和情意。

這一個大地主原來就崇拜那個法國將軍，認為他不但是軍事天才，又是美女的鑑定家。於是他就開始對露西・哈克斯加以幻想了。

當他仔細思索時，他記起世界上一些著名的美人，有好幾位是出身像露西・哈克斯一般的貧困環境——有一些則簡直是在更卑陋的環境中，例如，漢彌頓夫人以及杜巴里夫人，原是一個窮困的裁衣匠的私生女。杜巴里夫人簡直是足文盲，而她在路易十五的寵愛之下，幾乎是統轄了法國。這些前例是令人快慰的，於是促使這個未婚男子認為值得去實現這個願望。

這天是星期天。星期一他整天在心中盤算這件事；到了星期二早上，他便駕臨哈克斯小姐的小屋，雇用露西為她農場的女僕。

他已經擁有大批奴僕，他並不需要增添僕人。雖然如此，他還是雇用露西，指派她一些輕鬆的家事，不讓她去和一般奴僕為伍。

當時維吉尼亞州許多名門世家，都要送小孩到英國去受教育。露西主人就曾經讀過牛津大學的，所以他將珍藏的一批書帶回美國。有一天，他無意中步入書房，發現露西坐著，手執抹布，正在看一本歷史書中的圖片。

以一個僕人而言，那是一種不尋常的事，但是他並沒有譴責她。他隨手關上書房的門，坐下來幫她讀圖片下面的說明，又把意義告訴她。

她津津有味地聽著；而出乎他意料之外，她說——她想念書。

遠在一七八一年時，一個女僕會有那種渴望是很驚人的。當時維吉尼亞沒有國民學校，一半以上的地主都不會簽名，婦女們要轉讓土地時，也都只是隨意劃個記號罷了。

而這裡竟有一個女僕想念書寫字哩！紳士們若不以為那是具革命性的，也總認為有點危險性，但她的主人卻很感動，自願做她的教師。那天晚飯後，他便在書房教她認字。數日後，他握著她的手，教她如何書寫，也頗有成績。至今她的一張手稿猶在，可看出她書寫時是十分穩健自在的，表現出堅強的魄力和勇敢自信。她不但會用「核准」（approbation）這類長字，而且拼法正確。當時即使像華盛頓一流的人們，拼字也不免有錯，可見那是很難得的。

每晚功課完後，露西和她的教師便在書房並肩而坐，注視著火爐裡躍騰的火焰，或欣賞越過林邊徐徐上升的月亮……她愛他，而且信賴他。但信賴得太過份了……終於不安的日子來了。她吃不下，睡不著，擔憂得面容憔悴。當她再也無法隱瞞時，只得告訴他，已經有了他的孩子。當時他也考慮到和她結婚，但僅僅是一時的想法而已。家庭、朋友、社會地位、糾葛、不愉快的場面……不！而且他已開始厭棄她了，所以他給她一些錢就打發她走了。

幾個月後，人們開始指責露西，且避開她。一個禮拜天早晨，她無恥地將嬰孩抱到教堂來，群眾譁然！那些良家婦女大為憤慨，有一個人甚至站起來要求——「把那個蕩婦趕出去！」

那是很夠難受的！露西的父親不願再讓女兒受辱。於是哈克斯家族就將所有的財產家當裝進運貨馬車，沿著曠野道路，經過甘巴蘭山峽，到肯塔基的哈洛村定居下來。在那裡無人認識他們，也不再有閒言閒語了。

但是在哈洛村，露西還是十分漂亮，一樣對男人有強烈的吸引力。她又被追求，於是又墮入情網。消息一傳十，十傳百，終於傳到安的耳中。於是，大陪審團告發露西通姦。但法官深知露西並不是法律可以制裁的；所以把傳票往口袋裡一塞，便外出打獵，而將這事置之度外。

那是十一月間的事。到次年三月又開庭了，有個女人帶著有關露西更多的傳說和誹謗前來告狀，於是傳票再發出去。忿怒的露西把它撕裂，丟在來人臉上。五月法院將再召開；如果不是有一個了不起的青年為她解圍，露西遲早還是會被迫出庭的。他的名字是亨利・史拜樓。他騎馬進城，在她茅屋前拴好了馬，就直接走進屋裡去。「露西，」他（可能）對她說：「我不管這些女人怎麼談論妳。我愛妳，願娶妳為妻！」總之，他向她求婚。

儘管如此，她卻不願立即結婚，她不願人家以為史拜樓是被迫娶她的。

「我們再等一年吧，亨利。」她堅持著說：「在這期間我要證明我是能夠安份過日子的。假如一年後你仍然要我，我必定等著你。」

一七九〇年四月廿六日，亨利。史拜樓立刻到法庭領取結婚證書，而後再也沒有聽到傳票的事了。差不多一年後，他們便結婚了。

但那群女人又開始搖頭饒舌：那個婚姻是不會持久的！露西終究是要故態復萌的！每個人都聽到了，連亨利。史拜樓也聽到這些閒話。他為露西著想，於是建議往西遷移，換個環境，一切重新做起。她拒絕了那種庸俗的逃避方式，她說她並不壞；她昂首不屈的說，她絕不逃避。因此就決意在哈洛村定居下來，奮鬥到底。

果然，她養育了八個子女，在這地方恢復了她的聲譽。

後來她有兩個兒子做傳教士，一個外孫（亦即她那個在維吉尼亞時的私生女的兒子）做了美國總統，那就是——亞伯拉罕・林肯。

我述說這個故事是要表明林肯的直接世系。

他本身對於良好教養的維吉尼亞祖父，亦敬重備至。

威廉・H・赫登是林肯在律師業上廿一年之久的同事，他大概比任何人都更了解林肯。他寫過一部三冊的林肯傳記，於一八八八年出版，這是無數有關林肯傳記中最重要的一部。現在我摘錄第一冊第三、第四兩頁如下——

關於他的世系，我記得有一次林肯曾經提起過。大約在一八五〇年，當時我們同乘馬車到伊利諾州美那特郡的法院，我們所要審問的案件，是一件牽涉到遺傳特徵的問題。在途中，他第一次很明白地對我講起他的母親，講到她的性格，並說他從她那兒遺傳到什麼性格。他特地提到她是露西・哈克斯和一個有教養的維吉尼亞地主的私生女；他認為他的分析能力、理解能力、智商、志氣、和一切舉止，使他有異於哈克斯家族後裔之性格，都來自這上一代。有一段時間，他認為私生子往往比一般兒童更健康聰明；拿他來說，他相信他的美德都來自這個寬容大度沒沒無聞的維吉尼亞祖父。

這些話——雖然是痛苦的——引起了他對母親的追憶，當馬車在路上顛簸的時候，他感嘆地說：「上帝保佑我的母親！我所以有今天或將來若有成就，全部歸功於她！」然後就緘默了。我們靜默不語只管趕路。他沉思著，陷入自己的世界，我也不敢去驚擾他。他的話和悲哀的聲調，給我留下深刻的印象，那是我永不能忘懷的一次經驗！

2

林肯的母親，南茜‧哈克斯（即露西的私生女）是由她的舅父母撫養長大的，不曾讀過書，不會寫字。當她簽地契時，也是劃記號的。

她深居在陰幽的森林中，極少交遊；廿二歲那年，便嫁給一個愚笨又無知的散工，他偶爾也上山狩獵，他的名字是湯姆‧林肯，但和他同住森林中的人們，都管叫他「林角」（Linkhorn）。

湯姆‧林肯游手好閒，終日無所事事，從無固定職業，只有餓慌了，才隨便找個事來做。他修路、伐木、捕熊、除草、耕種、築屋；據載他曾在三個不同的時期，被雇用帶槍看守囚犯。一八〇五年在肯塔基的哈定郡，他捕捉並鞭笞逃奴，代價是一小時六分錢。

他沒有絲毫金錢觀念，他在印地安納的第一個農場住過十四年；每一年卻無法節省十塊錢交納田租。有一次他貧窮到極致，妻子必須用荊刺來縫補衣服，而他卻

去肯塔基的伊利莎白鎮為自己買了一副絲質吊帶，而且是賒賬買的。不久，在一次拍賣中，他花三塊錢購得一把刀。很可能當他赤腳外出時，是穿著絲質吊帶並且拿著他的刀。

結婚後不久，他遷入城裡想做個木匠討生活。他得到建造磨石坊的工作，但他沒有把木材鋸直，尺寸又不合規格，因此雇主對於他拙劣的做法堅拒付酬，結果打了三場官司。

湯姆・林肯來自森林，雖然他是愚笨的，卻也明瞭他乃是屬於森林的。於是他便帶著妻子到森林邊貧瘠多石的農場，再也不會魯莽地遺棄耕地了。

離伊利莎白鎮不遠之處，有一片廣大的不毛之地。好幾世代印地安人在那裡縱火燒林，使野草在陽光下蓬勃生長，讓野牛來此翻滾吃草。

一八〇八年十二月，湯姆・林肯以每英畝六角六分的價格，在這塊不毛之地中購得一塊農場。當中有一間獵人的小木屋，和一間簡陋的小木屋，為野生的山楂子樹所圍繞；而半哩外流過那林溪的南支流。每當春季山茱萸遍開，夏季時，天空中有鷹群悠悠盤旋著，而長草迎風起伏宛如無垠的綠海。稍有見識的人都不願定居在那邊，因此到冬季，它便是肯塔基境內最偏僻、最荒涼的地區了。

然而，亞伯拉罕・林肯正是出生在這荒瘠僻壤的獵人小屋內——時為一八〇九年嚴冬。

他在一個星期日早晨出生——出生在一個墊滿玉蜀黍包皮的木架床上。屋外有暴風雪，而二月的冷風把雪吹過壁縫，飄在母親南茜・哈克斯和她的嬰兒所蓋的熊皮上面。她由於拓荒生活的煎熬和辛勞弄得筋疲力乏，所以在九年以後，即三十五歲時去世。她從不曾有過快樂，無論住在何處，總有人譏評她是私生女。可惜那天早上她無法看到將來，也無法看到現今在她曾經受苦的地方，有一批感恩的人建立了一所大理石教堂來紀念她。

紙幣在曠野裡，是沒什麼價值的。因此，豬、火腿、威士忌酒、樹狸皮、熊皮以及農產品都可當作交易媒介，甚至傳教士也接受威士忌酒作為一部分的謝禮。

一八一六年秋天，亞伯拉罕・林肯七歲的時候，年老的湯姆・林肯將農場交換約四百加侖的威士忌酒，然後舉家遷入印第安納未開化且荒涼的森林中。他們最近的鄰居是一個獵熊的人；而周遭盡是樹林、草叢、葡萄藤和矮樹等雜亂蔓延著，人要行走其間必須加以割除砍伐。

亞伯拉罕・林肯在此過了十四年。剛搬來時，冬天的初雪已降下，所以湯姆・林肯匆匆忙忙地趕搭一個當時所謂之「三面營帳」。它沒有地板、沒有門、沒有窗口——只有三面牆及木條和草叢編成之屋頂，第四面則任由風雪吹打，完全開口無

防備。現今印第安納任何一個農夫也不會拿它作為牛棚豬舍的，而林肯全家卻在這棚屋裏度過了嚴冬。

南茜和孩子就像狗一般，蹉伏在屋角骯髒的地板上，靠樹葉和熊皮來取暖。至於食物，他們沒有牛油、牛乳、蛋、水果和青菜，更沒有馬鈴薯，全靠野生動物和栗子為生。湯姆・林肯想養豬，但飢餓的熊總是把豬偷偷地掠食而去。

在印第安納那幾年，林肯遭受的貧困，恐怕超過後來他解放的千萬黑奴。

那個地區沒有牙醫，最近的醫生也在三十五哩外；因此當南西牙疼時，老湯姆・林肯大概是仿效其他拓荒者們的治法，先削一支細木釘，對準有問題的牙齒，然後用石頭重擊釘頭。

早期在中西部有一種神祕的疾病叫做「牛乳瘟」，它對牛羊和馬是致命的，且有時整個村落的人民也一併送命。沒有人知道它是如何起因的，而一百年來，它一直困擾醫學界。直到本世紀初，才知道起因於動物吃了一種植物叫做白蛇根草，這種毒素即藉由牛乳傳入人體。白蛇根草繁殖在多木的牧場和幽暗的峽谷中，至今依然為害人命。每年伊利諾州的農業部總要在郡法院公布，勸誡農民除滅此種植物。

一八一八年秋天，這個可怕的禍害降臨到印第安納的鹿角山谷，毀滅了許多家庭。南茜幫忙看護獵人彼得・布倫那的妻子，他的木屋只離半哩遠。布倫那太太終告死亡，而南茜也被傳染了。她頭暈、腹部有尖銳劇痛。一陣嚴重的嘔吐後，她便被抬回家，放在那個樹葉和獸皮鋪成的床鋪上，奄奄一息了。

終於，南茜已無力抬起頭來了。說話微弱，她示意亞伯拉罕和妹妹靠近她。他們彎下身去聽她說話，她說——他們需要彼此和睦，照她所教導的方式生活，並且要敬奉上帝。

這些便是她的遺言，因為她的咽喉和整個內臟早已麻痺。她陷人昏迷狀態，終於在得病的第七天，即一八一八年十月五日，與世長辭。

湯姆・林肯將兩枚銅錢放在她的眼皮上，讓她瞑目。然後走進樹林砍下了一棵樹，劈成粗糙不平的板子，用木釘固定好，以這個粗劣的棺材，葬了南茜。

兩年前，他用雪橇把她帶到這個地方，而現在他仍用這個雪橇——他拖著她的遺體到四分之一哩外，一個多樹茂密的山丘頂上，未經禮拜儀式就把她埋葬了。我們永遠無法知道她的長相，因為她短暫的一生，幾乎全在幽深的森林中度過，很少與人接觸。

林肯逝世後，有位傳記作者想要探尋一些有關總統母親的資料，那時她已死去半世紀了。他拜訪幾個曾經見過她而至今猶在的人，可是他們的記憶一如消失的夢

境含糊不堪，甚至對她的儀表外貌亦無法回憶。有人描述她為「矮胖的女人」；但有人說她有「纖瘦優美的體態」。有人認為她有黑眼睛，另一個人說是淡褐色的，又另外一個人確信是綠中帶青。她的表兄弟丹尼斯・哈克斯，曾經和她生活了十四年之久，說她有「淡色的頭髮」，但再三追憶的結果，他推翻自己先前的說法，而認為她的頭髮是黑的。

她死後六十年來，甚至沒有一塊石頭標記她安葬的地點，因此，如今只曉得她墳墓概略的位置。她埋葬在曾經養育她的舅父母身邊，卻不知三個墳墓中，何者是她的。

南茜未死之前，湯姆・林肯建築了一個新木屋，四面有牆，但是沒有地板、窗口和門戶，一條骯髒的熊皮懸掛在進口處，屋內又暗又髒。

湯姆・林肯整天在森林裡狩獵，留下兩個沒有母親的孩子看家。莎蓮煮飯，亞伯拉罕則負責生火，並且到一哩外的山泉打水來。沒有刀叉，他們便用手指，手又難得乾淨，因為得水不易又沒有肥皂。南茜自己製造軟軟的灰汁肥皂——但是她留下的早已用光，小孩子不懂得如何製造，湯姆・林肯又不肯做，於是他們便繼續在貧困和污穢中生活著。

漫長寒冷的冬季，他們從不洗澡；也很少洗衣服，樹葉和獸皮的床鋪變得污穢。陽光照不進來，他們僅有的亮光只是火爐或油燈。我們從那些描寫邊境地帶木屋的書中，可以想像林肯的木屋是什麼樣子，它臭味撲鼻，充滿跳蚤，而且害蟲猖獗橫行。

這樣過了一年，連老湯姆‧林肯也受不了；他決心續弦以便照顧家庭。十三年前，他曾向肯塔基一位名叫莎拉的女人求婚過。當時她拒絕了他，而下嫁哈定郡的獄吏；如今這位獄吏去世已久，留下三個孩子和一筆債。湯姆‧林肯覺得如今正是重新求婚的絕好機會；因此他到小溪裡，沐浴一番，用沙土揉擦他污穢的雙手和臉，佩帶著他的刀，直奔肯塔基。

當他到伊利莎白鎮時，又買了一副吊帶，然後得意揚揚吹著口哨，沿街走去。

——那時是一八一九年，好多事情正在發生，一切都在進步，一隻輪船正橫過大西洋哩！

3

林肯十五歲時，他認得字母，並且能夠讀一點書，但很費力。他不會寫字。那年秋天——一八二四年——有一位流浪的教師，來到比奇昂河一帶，在那裏開辦了一所學校。林肯和妹妹早晚各走四哩路，穿過森林，受教於安德爾•道西這位新教師。道西開辦一間所謂「朗誦」式的學校；孩子們要大聲朗讀，他認為這樣可以知道他們是否用功。他在室內踱來踱去，手執教鞭，見到有人靜默不語就是一鞭。既然他鼓勵喧嘩嘈雜，學生們便喊叫得一個比一個響，往往在四分之一哩外，便可聽見喊聲。

上學時，林肯戴著一項松鼠皮的帽子，穿著鹿皮褲。這條褲子短得可憐，褲腳離鞋面甚遠，於是一段又瘦又青的脛骨，便暴露在風雪中。

上課是在一間粗陋的木屋裡，高度僅夠老師站立。沒有窗戶，每面牆留些空間，糊上油紙，以便讓光線進來，地板和座位乃是劈開的木頭所做的。

林肯讀的課文是選自聖經章節，而字體則以華盛頓和傑弗遜的書法為模範。他的筆跡酷似他們，總是明白、清楚，人們都很讚揚，當時有一些不識字的人，常跋涉好幾哩路請亞伯拉罕寫信。

他逐漸對學習發生興趣了。在校的上課時間嫌太短，所以他把功課帶回家。紙張稀少又昂貴，所以他用木炭在板子上書寫。有時他就在刨平的木頭上面作記號或計算，寫滿了，他就用刨刀刮去表面，重新再寫。

因為買不起算術課本，只得向人借一本，將它抄寫在信紙上，然後用細繩縫合起來，如此他便有了自己編製的算術課本。當他去世時，他的繼母仍然保留著這本書的好幾頁呢！

如今他開始展露他的才華，顯得他與眾不同。他寫出見解，有時甚至寫幾首詩。他把他的詩文拿給一位名叫威廉·伍德的鄰居看，他熟背並朗誦自己的詩，他的小品文也很引人注意。有一位律師對於他的一篇關於國家政治的論文大為欣賞，就替他發表了。俄亥俄州的一家報紙，也將他有關禁酒的論文登出來。

這是以後的事。他在學校第一次作文，就是對於同伴們殘酷的戲謔有感而發的。他們常愛捉一些水龜，將熾熱的煤炭放在背上，林肯懇求他們不要這樣做，並且赤著腳踢開了那些煤炭。他的第一篇作文便是為動物求情，他年輕時已經表現出

對受害者有深刻的憐憫心了。

五年後他再就讀於另一間學校，但是時讀時輟——正如他所謂「一點一點的學習」。就這樣結束了他受正式教育的歷程，總計還不到十二個月。

一八四七年，他上國會要填履歷表時，碰到一個問題：

「學歷如何？」他填寫：「不完整。」

他被提名競選總統後，說：「我成年時，所知也不多，總算能夠讀書寫字而已。我從未上過學校，我目前僅有的一點進步，都是隨時因急切需要而學來的。」

那麼誰是他的老師呢？就是那些漂泊的老學者，他們相信巫婆，並以為地球是扁平的。可是，就在這些時而中斷的求學期間，他獲得了最寶貴的東西——愛好知識，並渴望學習。

讀書給他展開一個新奇、從未夢想過的世界，它改變了他，拓展他的胸襟和洞察力，讀書成為他最愛的嗜好。他的繼母隨身帶來了五本書——聖經、伊索寓言、魯賓遜漂流記、天路歷程和辛巴達水手。

他如獲至寶似地閱讀著。他把聖經和伊索寓言放在身邊，隨時翻閱，這二本書大大的影響到他的文體、談吐以及辯論的方式。

但是這些書是不夠的，他渴望閱讀更多書，卻沒有錢。因此他開始借書、報章或任何印刷品。他曾走到俄亥俄河邊，向一位律師借了一本修正的印第安納州法律，這是他生平第一次讀到獨立宣言和美國憲法。

他向鄰近的農夫借了兩本傳記，因他常常幫那個鄰居耕種，其中一本就是帕遜威姆斯寫的《華盛頓傳》。這本書簡直使林肯著迷，他一直看到天黑，再也看不見字為止，然後把書塞在木頭縫裡，翌日一早又拿起來看。一天晚上突起暴風雨，把書本浸濕了。書主拒絕收回，林肯只好花三天時間去割草捆堆，以便償付。

在他的借書經驗中，收穫最多的是《司各特的教訓》這本書指導他如何作公開演說，並模仿安東尼在凱撒屍首邊所作的演說：「朋友們！羅馬人！同胞們！請聽我說，我是來埋葬凱撒，不是來稱讚他！」

當他讀到對他特別有吸引力的段落時，若沒有紙張他總是用炭寫在木板上。後來他做了一本粗略的抄寫簿，用羽毛筆和漿果汁製成的墨水，寫下所有他喜歡的詞句。他隨身攜帶這本抄寫簿，用心研習直到他能夠背誦許多長詩或辭句。

當他到田園工作時也帶著書本，休息的時候，他就坐在柵欄上用功研讀。晌午時，他也沒有坐下來和家人吃飯，反而一手拿著玉米餅，一手拿著書本，兩腳抬得高過頭部，沈醉於書中。

每逢開庭時，林肯總要步行十五哩到市鎮去聽律師們辯論。後來，當他在田間工作的時候，常會丟下鋤頭或乾草叉，跨上柵欄，複誦一些他在市鎮上所聽到的律師們的講詞。有時候，他也會模仿小比奇昂河教堂浸信會的保守派牧師大聲傳道的語氣。

亞伯時常帶著一本《奎恩笑話集》到田裡去工作；當他跨坐在木頭上高聲朗誦時，樹林的回聲好像在捧腹大笑；然而玉蜀黍田的雜草日益蔓延，而田裡的麥子也變黃了。

那些雇用林肯的農夫都埋怨他懶惰，「懶惰極了！」他自己也承認。

「我的父親教我工作，」他說：「卻不曾教我愛它。」

老湯姆·林肯發出斷然的命令：所有這類愚蠢行為必予禁止。但沒有用，亞伯還是繼續講笑話和作演講。有一天，當著眾人，老父親打他一個耳光，使他跌倒在地，亞伯哭了，但一言不發。父子間慢慢有了隔閡，至死不曾彼此諒解。雖然林肯在他父親晚年時，常寄錢給他養老，但一八五一年老人家臨死的時候，這個兒子並沒有去探望，「如果我們再相會，」他說：「恐怕會苦多樂少。」

一八三〇年冬天，「牛乳瘟」又侵襲鹿角山谷，再一次帶來死亡。

心中又恐怖又沮喪，這個常流浪遷徙的老湯姆·林肯便處理掉他的豬和玉蜀黍，將他的農場賣得八十元，造好一輛笨重的牛車——載著他的家人和家當，叫亞伯執鞭，大聲向牛吆喝著，全家向伊利諾一個肥沃的山谷地帶出發了。

牛慢慢往前爬行兩星期之久，笨重的車子吱吱作響地越過山丘，經過印第安納陰暗的森林，又橫過荒涼寂寞、人煙稀少的伊利諾大草原，滿目皆是枯黃的長草。

在富協湼斯，林肯第一次看到印刷機；當時他二十一歲。到迪開特時，這批移民便露宿在法院前的廣場；而經過廿六年後，林肯還能把那一輛牛車所停留的位置指出來。

「當時我並不知道，我有足夠的見識做一個律師呢！」他說。

赫登告訴我們——

> 林肯先生曾敘述這段旅行給我聽。他說地面的冰霜還未完全化掉，白天路面會溶化，但一到晚上就又冰凍起來了，這樣便使牛車的前進，非常緩慢而困難。沒有橋樑，因此若遇河流，只得涉水而過，除非找到迂繞的途徑。清晨的溪流結著薄冰，牛前進一步總要踏破一些薄冰。我們還帶了一隻小狗，牠跟在車後跑。有一天那個小傢伙跟不上牛車，等到大家都過了河，發現牠丟了，便再往後尋找，卻看到牠站在對岸，又叫又跳。流水沖著破碎的冰塊，那可憐的

東西不敢渡過河來。若要掉轉牛車往回走，是划不來的，因此大家為了趕路，就決定丟下牠不管了。「然而我連一隻狗也不忍丟棄啊！」林肯訴說著：「鞋襪一脫，我便涉水過河，終於把那顫抖的狗夾在腋下，得意揚揚地回來，牠欣喜若狂的蹦跳，用各種姿態表示牠的感激，讓我覺得冒險是值得的。」

當牛車載著林肯一家橫過草原時，國會正慷慨激昂地爭論著：州政府是否有樣退出聯邦政府？在那次辯論中，上議院的丹尼爾・韋伯斯特以響亮如洪鐘的聲音，發表了一場演說，這是後來林肯認為「美國演說中最優秀的楷模」，被稱為「韋伯斯特答海恩書」。其末尾有著名的幾句話，林肯後來奉為他自己的政治信仰：「自由與聯邦，現在和將來，一體而不可分割！」

這個旋風式的聯邦案件，要等到三十年後才得解決，但並不是靠能幹有為的韋伯斯特，也不是得天獨厚的克雷，更不是鼎鼎大名的卡爾桓，卻是一個笨拙又一貧如洗且沒沒無聞的人。他現在正向伊利諾州去，穿戴著浣熊皮帽和鹿皮褲粗聲高唱著：「喂，哥倫比亞，快樂之地，若是你沒有醉，便是我見了鬼！」

4

林肯一家在伊利諾州靠近迪開特的一片林地住了下來，那兒沿著山邊，下臨桑嘉孟河。

亞伯幫忙砍樹、建造木屋、清除叢林、整地、開墾十五英畝荒地、種玉蜀黍、劈柵欄木將家園圍起來。第二年他在鄰近地區當雇工，替農夫們幹些雜事，耕田、捆紮乾草堆、劈削欄木、殺豬。

亞伯拉罕・林肯在伊利諾州度過的第一個冬天特別冷。大雪霏霏，草原上積雪十五呎厚；牛群死去，鹿和野火雞也幾乎滅絕，甚至連人也凍死。

在這嚴冬，林肯都要劈削欄木，以換取一條染上樹皮汁的棕色粗布褲。他每天必須走三哩路去做工。有一次，渡過桑嘉孟河時，獨木舟翻了，他掉進冰冷的水裡，他還沒有到達最近的人家前——瓦尼克少校家——雙腳便凍僵了。整整一個月，他不能走路，所以他就躺在瓦尼克少校家的壁爐前，說說故事打發時間，並閱

讀伊利諾州的法律。

在此之前，林肯曾向少校的女兒求婚，但少校頗表不悅。什麼？他的女兒，一個瓦尼克家的小姐，會跟這個又愚鈍又未受教育的劈柴工人結婚嗎？一個沒有土地、積蓄，又沒有前途的男人？絕不！

誠然，林肯沒有土地；不但如此——他根本不想要土地。

他在農場生活了廿二年，已飽嚐墾荒農耕的辛酸了。他厭惡那種過份的勞碌，和單調無味的生活，他渴望出人頭地，和社會人士交際。他想要找一種工作，好使他能多見到人，讓他們圍著他，對他的故事拍手喝采。

還住在印第安納的時候，有一次亞伯被雇划船到紐奧良去，那次遭遇真是十分有趣啊！新奇、刺激、冒險。有一夜，船隻停泊在杜傑斯夫人的農場邊，有一群黑人，帶著刀棒，爬上船來。他們打算把船員殺掉，將屍首扔進河裡，然後把船開到紐奧良的賊窩去。

林肯搶過一根木棒，用他又長又有力的手，將三個強盜打落河中，其他強盜也被趕上岸。但是在搏鬥中，一個黑人用刀砍了林肯的額頭，使他在右眼上留下了一個永久的傷疤。

湯姆・林肯並不束縛亞伯這個孩子定要留在墾荒農場裡不可。

到紐奧良，亞伯就謀得一份在船上的工作。以一天五角錢，外加獎金的代價，他和異母兄弟、表弟替人砍樹、伐圓木，順流運到鋸木廠，建造一隻八呎長的平底船，裝上醃肉、玉蜀黍和豬，然後順著密四西比河航行下去。林肯為他們煮飯、駕駛船隻、講故事、也玩玩紙牌，並高聲歌唱……這次航行給林肯留下深刻永存的印象。赫登說：

亞伯拉罕・林肯在紐奧良時，第一次目睹奴隸制度的慘狀。他看見「帶著枷鎖的黑人——被拷打著。」他的正義感對此非人道的作風大為憤激反抗，那時他才體會到從前聽過或讀過的一切事了。無疑地，正如他的同伴說過：「奴隸制度當時就在他內心深處烙上印記了。」

一天早上，他們三個人在市區漫步時，經過一個奴隸拍賣所，一個健壯又漂亮的混血女子正要被出賣。她被買主詳細的檢驗著，他們擰她又叫她像馬一樣地跑來跑去，表現她的動作姿態。如拍賣者所說，這是要「滿足買主」，看看他們所購買的貨物是否完美。這一切太令人作嘔了！林肯滿腔憎惡的離開，他招呼同伴們一起走，說：「天哪，同伴們，快走吧！假使我有機會，我必定給它一個致命的反擊。」

丹頓・歐佛特，就是雇他到紐奧良的那個人，很喜歡林肯。歐佛特喜歡他的笑話和故事，也喜歡他誠實不欺。他再叫這個年輕人回伊利諾砍樹，在新沙連蓋了一間木造的雜貨店。這是一個小村莊，不到二十戶人家，在曲折的桑嘉孟河上方，沿著斷崖居住。林肯就在此地當店員，並且經營一所磨石坊和鋸木廠。在此地他過了六年的歲月——對他的將來有絕大影響的歲月。

這村莊有蠻橫、好鬥的一群惡棍，叫做「克拉利叢林少年幫」。這群年輕人自命不凡，誇耀無人比他們更會喝酒、咒罵和角力，而且打起架來比伊利諾境內任何幫派更凶狠。

其實他們並不是窮兇惡極；他們忠信、坦誠、慷慨、又富同情心，只是太自大。因此當歐佛特誇讚他的店員亞伯拉罕・林肯的技能時，克拉利叢林少年幫就大為不悅，他們打算要給這位新進小伙子一點顏色看看。

誰知結果適得其反，因為這位年輕的巨人贏了徒步賽跑的跳躍競賽；而且憑著他那長臂膀，他能夠拋擲大槌或投擲砲彈比任何人更遠。此外，他會講一些他們聽得懂的有趣故事，使他們聽了一直笑個不停。

在克拉利叢林少年幫看來，有一天當全村都聚集在白橡樹下，圍看林肯和他們的首領傑克・阿姆斯登角力時，可說是他在新沙連最出風頭的時候了。當林肯把阿姆斯登打倒時，他便高高在上了。從那時起，克拉利叢林少年幫就對他深表欽佩，忠心服從他的指揮。他們要他做賽馬和鬥雞的裁判。而當林肯失業無家可歸時，他們便接他回家，供他膳食。

在新沙連，林肯終於找到幾年來一直追求的機會了，就是公開演說。從前在印第安納，他只能對田裡的工人們講話，然而在新沙連，有一個「文學會」的組織，每逢星期六夜晚就在羅特利基酒店的飯廳裡聚會。林肯很踴躍地加入，成為極活躍的人，他講故事、朗誦自己的詩歌、作即席演說、談桑嘉孟河航行的一類問題，又辯論一些當天發生的各種問題。這項活動是極其寶貴的，它擴充他的心智，激起他的雄心。他發現自己有非凡的才幹，可以用言詞來影響別人。這發現增加了他的勇氣和自信心，這是前所未有的。

幾個月後歐佛特的商店倒閉，林肯失業了。選舉將屆，人民都熱心政治，因此他打算展露一下他演說的才華。當地的學校教員蒙德・葛雷幫他寫講辭，他便向群眾發表他的首次演說，他宣言願為州議員的候選人。他發表政見：「內政改革……桑嘉孟河的航行……改善教育……正義公道……」

最後他說：「我出生卑微，沒有顯貴的親戚朋友來舉薦我。」然後他用令人哀

憐的文句結束：「如果善良的人民憑著他們的智慧認為我不該當選，那麼我已飽嘗失望之經驗，所以也不致耿耿不樂的。」

幾天後，一個騎兵衝進新沙連，宣布一樁可怕的消息，說印第安酋長黑鷹，正帶著他的勇士，沿著洛克河一帶，放火燒屋，擄掠婦女，屠殺住民。

在驚惶失措中，雷諾特州長徵調志願兵；林肯既是「失業、分文不名、公職的候選人」，就報名了，並被選任為隊長。他想操練克拉利叢林少年幫，但是，他們對於他的命令卻還口說：「滾蛋！」

赫登說，林肯一直把他參加「黑鷹戰役」之事看作兒戲，也正是如此。後來，在國會的演說中，林肯提到他們並沒有攻打任何紅番，都只在「洋蔥田中亂衝。」他說他並沒有看到任何印第安人，卻「和蚊蟲作過好幾次流血的生死搏鬥。」

打仗回來，林肯隊長就又躍身競選活動中，挨家挨戶拜訪，握握手，講講故事，對每個人的意見表示贊同，隨時隨地找到群眾，就要演說一番。

選舉來臨了，雖然他在新沙連二〇八票當中得到二〇五票，不過，還是失敗了。

兩年後，他又競選，這次當選了，但必須借錢買一套禮服，才得出席議會。

他在一八三六年、一八三八年及一八四〇年連選連任。

當時在新沙連住著一個怪才，他只管釣魚、拉小提琴或朗誦詩歌，因此他的妻子必須收房租以維持生計。大部分人都蔑視傑克・凱爾遜。然而林肯喜歡他，與他結為好友，並且大受影響。他還未認識凱爾遜之前，莎士比亞或伯恩斯等人對林肯僅僅是人名而已。但是當他傾聽傑克・凱爾遜朗讀《哈姆雷特》，或背誦《馬克白》，林肯才了解到英國語言音節的和諧悅耳。它是一種多麼美麗的事啊！是多麼雄壯渾厚的感覺和情緒啊！

莎士比亞令他肅然起敬，伯恩斯卻贏得他的愛與同情；他甚至感到和伯恩斯同病相憐哩！伯恩斯也曾和林肯一樣貧困，出生在一間木屋裡，看起來並沒有好過亞伯誕生的那一間。伯恩斯也做過耕種，但是這個耕童，居然把野鼠、耕犁之事，看作一齣小悲劇，值得在一首詩歌裡賦予不朽價值。藉著伯恩斯和莎士比亞的詩歌，林肯進入一個充滿意義和感覺的新世界，裏面一切都是可愛的。

然而令他最驚駭的是——莎士比亞或伯恩斯都沒上過大學，並沒有比他多受過教育。因此他也常忖度，他雖為目不識丁的湯姆・林肯的失學兒子，或許也可以成就一些有意義的事，而不必永遠賣雜貨或當鐵匠。

那時起，伯恩斯和莎士比亞成為他最喜愛的作家。他遍讀莎士比亞作品多於其

他作品，這對他的文體頗有影響。甚至他進入白宮以後，南北戰爭的重擔和憂慮，使他臉上刻印深深皺紋的時候，他仍花好多時間讀莎士比亞。他雖然忙碌，可是還同莎士比亞的權威學者討論劇本，寫信也提及某行某句。他被槍殺的那週，還向一批朋友朗讀了兩小時的《馬克白》。

這個懶惰的新沙連漁夫傑克・凱爾遜的影響，竟然達到白宮裡去……

新沙連的開發者和那間酒店的主人，是一個南方人，名叫詹姆斯・羅特利基。他有一個非常美麗動人的女兒安妮。林肯見到她時，她才十九歲——一個藍眼褐髮的美麗女子。雖然明知她已許配給城裡最富有的商人，林肯還是愛上了她。

安妮早已和約翰・麥尼爾訂婚，但要等到她唸完兩年大學後，他們才結婚。

林肯到新沙連不久，就有一件奇怪的事情發生了。麥尼爾賣掉他的商店，說要回紐約去把父母和家人帶到伊利諾來。然而要走以前，他向安妮表白了某些事情，幾乎使她昏厥過去。然而，她還年輕又深愛著他，便相信他了。

幾天之後，他向安妮揮手道別，答應經常寫信。

林肯那時是村裡的郵政局長。一個禮拜郵車來兩次，但郵件卻很少，因為寄一封信須花費六又四分之一分錢到二毛五分錢不等，依其送達距離而定。林肯把信件放在帽子裡，人們碰見他的時候，總要問一問有沒有他們的信，他就摘下帽子，將信翻一翻。

一個禮拜兩次安妮總要打聽來信。三個月後第一封信才到達。麥尼爾解釋他沒有及早寫信，是因為在俄亥俄州時患熱病，有三個禮拜臥病不起，不省人事。

再經過三個月，第二封信到了；而它比沒來信更糟糕，語氣冷淡而含糊。他說他的父患病甚重，而他正受著他父親的債主纏身，不知何時才可返回。

安妮又盼了好幾個月，但終一無所有。他真的愛她嗎？現在她開始懷疑了。

林肯不忍見她痛苦，便自告奮勇要去找麥尼爾。

「不！」她說：「他曉得我住的地方，如果他不關心我，不給我寫信，我想我儘可不必過分關心，而麻煩你去尋找他。」

於是，她才向她的父親提起麥尼爾臨走前的一番表白。他承認好些年來，一直以假名過日子，他真正的名字並不是麥尼爾，而是麥納馬。

為什麼他要這樣欺騙人呢？他說，他父親從前在紐約經商失敗，以致負債累累。他是長子，就偷偷來到西部想多賺點錢。他怕假如他使用真名字，家人會曉得他的下落，那麼他就要被迫供養全家。他不希望在剛做生意時，由於如此的負擔而影響事業的進展。因此他改名換姓。如今他已積蓄不少錢了，他要把家人帶到伊利

諾來，讓他們共享他的成功。

這事在村裡傳開以後，便惹起公憤。人們都說那是最要不得的欺騙，並且辱罵他是一個騙子。大家加油添醋把他說得更壞：「他是——哎，也說不出他是什麼，或許他早結過婚了，或許他正在逃避那些三妻四妾哩！誰曉得呢？也許他搶過銀行，也許他殺過人。也許這樣，也許那樣。總之，他遺棄了安妮，但她應該為此感謝上帝……」

新沙連的輿論即是如此。林肯雖不說什麼，卻想了好久。

最後，他所等待的機會來臨了……

5

羅特利酒店是一所簡陋又飽經風霜的木屋，簡直和一般木屋沒兩樣。陌生人絕不會多看它一眼的；然而現在林肯卻不能忽視它了，他的心思更無法脫離它。在他看來，它高聳入天，每逢他跨進門檻時，心跳總要加快。

向傑克・凱爾遜借了一本莎士比亞劇本，他就躺在店裏櫃台上，翻開書頁，總要反覆的唸——

> 啊，且看！窗扉射人何等光華？
> 是東方黎明，因茱麗葉照耀如白日。

合上書本，他讀不下去了。他在那裡躺了一個小時，夢想著，追憶前晚安妮對他所說的一切可愛的話。他現在只為著一件事活著——與她相見，共度時光。

那時婦女的「縫紉會」是很普遍的，安妮也被邀去參加這樣的聚會，因她纖細的手指用針極其靈巧。林肯早上送她去，傍晚時接她回來。有一次他很大膽的走進屋子裡面——男士們很少進去這種地方——坐在她的身旁，她的心悸動起來，臉頰也紅了。她在興奮緊張中，針腳就不整齊了，較為年長的女伴們看見了，彼此做笑著。主人把這一床棉被保存了好多年，當林肯做了總統以後，她很得意地拿給客人看，並指出他的情人所縫的不整齊的針腳。

夏夜，林肯和安妮沿著桑嘉孟河的堤岸漫步，樹林裡有鳩鳥低鳴，螢火蟲通夜飛翔，像是在編織金線。

秋天，他們在樹林中徘徊，橡樹顯出綺麗色彩，胡桃樹果子劈啪落地。冬天降雪以後，他們穿過森林，那時——

松柏長青樹，
齊披白貂裘。
卑微如榆櫸，
珍珠戴滿頭。

對他們兩人來講，現在，生命已顯示一種神聖的溫柔，一種新奇的意義了。當林肯凝視安妮的時候，她的內心就歌唱起來；而她的手一接觸到他，他就屏息，驚訝著世間竟有那麼多的幸福。

前些時候，林肯和一個牧師的兒子，名叫貝利的酒鬼一起做生意。當時，新沙連這個小村莊逐漸沒落了，商店的生意也很清淡，但林肯和貝利兩人都看不出來。因此他們就收買三間破爛的雜貨店，合併起來，開始經營自己的商店了。

一天，一個遷往愛荷華的人，在林肯貝利商店前停下他的篷車。路面泥濘，馬匹又疲倦，所以那個遷移者決定要減輕載貨，於是他想賣給林肯一桶零星的雜物。林肯並不需要這些雜物，但他憐憫那些馬匹，就付了五毛錢，不再看看就把木桶滾進商店後面。

過了兩星期，他把木桶裡面的東西倒在地板上，懶洋洋又好奇地檢查他所收買的雜物。在那堆廢物中，他發現一本布拉克．史東著的法律評註，便開始閱讀。農夫們在田裡忙碌，顧客很少，好久才來一個，因此他有很多的時間。他愈讀就愈發生興趣，他從來沒有這樣專心讀過書，他一口氣將四大卷都看完。

於是，他立下極大的決心：他要做一個律師，他要安妮．羅特利基以他為榮。她讚許他的計劃，且他們打算一旦他學成法律，自己開業以後就要結婚。

讀完布拉克・史東的書後，他動身到二十哩外的春田市，向一位曾在黑鷹戰役中相識的律師，借了其他的法律書籍。歸途上，他一手拿著書本，邊走邊讀。當他碰到難懂的段落時，就駐足停步，專心一意地推敲直到融會貫通為止。

他繼續研讀，居然讀了二、三十頁，一直讀到夜幕低垂無法再讀……星星出現了，他感到飢餓，只得加緊步伐。

從此他埋首書本，無心管別事了。白天他仰臥在商店旁邊的榆樹下讀書，一雙赤腳擱在樹幹上。晚間他在店裡讀書，利用零散的廢材點火為燈。他常常高聲朗讀，偶爾就把書本合起來，將他所讀的一段意思寫下來，修正或重寫，直到連小孩都能夠明白了解為止。

林肯現在不論到什麼地方去——沿河漫步、林中散步、或到田裡工作的路上——腋下總挾著一卷齊悌或布拉克・史東的書。有一次一個農夫雇他來劈柴，在下午到穀倉來巡視，竟然看見林肯打著赤腳坐在木柴堆上，正在研究法律。

孟特・葛雷漢告訴林肯，如果他立志在政治或法律方面出人頭地，必須懂得文法。「我從哪裏能夠借到一本啊？」林肯就問。

葛雷漢說，在六哩外有個農夫名叫約翰・萬司，有一本柯可漢氏文法，於是林肯即刻起身，戴上帽子，出去借書。

他把柯可漢氏文法融會貫通的速度，使葛雷漢大為驚奇。三十九年後，這位教師說他教過五千名以上的學生，林肯是——「追求知識最勤奮上進的年輕人。」

「我曉得他，」葛雷漢說過：「他會花好幾個小時研究三種句法當中，哪一種表達最為恰到好處。」

精通柯可漢氏文法之後，林肯接著便研讀吉朋的《羅馬帝國衰亡史》、羅林的《古代歷史》以及一本關於美國軍人如傑弗遜、雷伯斯特等人生平的傳記和湯姆的《理性的時代》。

「穿著藍短上衣、粗陋鞋子，白色的褲子離上裝約有三吋，而離襪子還有一兩吋。」這樣一個古怪的年輕人在新沙連附近閒蕩著，讀書、研討、幻想，講述故事，並且到處結交朋友。

已故亞伯特・J・柏衛基，乃是當年著名的學者，在他所著的林肯傳記中說：

「不但是他的機智、仁慈和知識吸引人們，他古怪的服裝和醜陋的樣子也為他廣為宣傳，他短小的褲子，特別引起批評和興趣。不久亞伯拉罕・林肯的名字便家喻戶曉了。」

終於，林肯和貝利的雜貨店也倒閉了。這是意料中的事，因為林肯終日埋首書本，而貝利則常半醉不醒，結束是避免不了的。林肯一文不名，為了食宿，林肯必須找些散工做：除草、搭草堆、圍籬、剝玉蜀黍、在鋸木工廠做工，有一段期間當過鐵匠。

然後，在葛雷漢的幫助下，他開始研究三角、幾何，學習如何測量，準備做一個土地測量員。賒賬買了一匹馬和一個羅盤，割葡萄籐當作測鏈，然後就開始以每區三角七分的代價，測量鎮上的土地。

同時羅特利基酒店也倒閉了，林肯的情人必須到一個農家去當廚工。林肯不久也在那裏得到耕種玉蜀黍的工作。晚上他在廚房幫安妮擦盤碟，只要在她身旁，他就充滿了快樂——以後他再也不曾如此快樂和滿足了。他去世前不久，對一個朋友說過，從前在伊利諾作一個赤腳的農工時，比起他住在白宮裏要快樂得多。

然而，這一對情侶的快樂無憂歲月，都為時短暫。一八三五年秋季，安妮臥病不起。起初毫無苦痛，只覺得非常疲乏。她依然繼續工作，直到一天早晨她竟爬不起來了。她發燒了，於是她的弟弟騎馬到新沙連去請阿倫醫生，他診斷為傷寒病。她全身如火發熱，雙腳都很冰冷，必須用熱石頭取暖，她一直要喝水。現代醫學明白她應該多用冰袋，並儘量喝水，只是阿倫醫生不知道這一套。

可怕的幾星期過去了，終於安妮極度疲乏，連手也抬不起來了。阿倫醫生吩咐她靜養，不許見客，那天晚上林肯來時，也不許進去看她。以後兩天她一直喃喃唸著他的名字，異常悲慘，他們只得叫他來。他一來便走到她的床邊，關上門。這是這對情侶最後的會晤。

翌日，安妮便失去感覺，昏迷不醒直到死亡。

此後幾個星期，便是林肯生平最淒慘的時期。他不能睡，不能吃，老是說他痛不欲生，想要自殺。他的朋友們著急了，就把他的小刀拿走，又監視他怕他投河自盡。他躲開人們，見了人也不講話，像是沒看見似的，好像在凝望著另一個世界，忘卻了自己的存在。

每天他總要走五哩路到安妮所埋葬的康特公墓。有時他在那邊坐得太久，以致朋友們焦急，就去把他帶回家來。遇有暴風雨，他便慟哭，因他不忍心雨水打落在她的墳墓上。

有一次，人家發現他在桑嘉孟河邊徘徊，口中唸唸有詞，大家以為他瘋了。

於是，有人去請阿倫醫生來，醫生明瞭其癥結所在，就說林肯必須找一些工作、一些活動來使心思意念集中。

鎮北一哩外，林肯有位至友，包靈・格林。他把林肯帶到家裏去，負責照顧

他。那是一個安靜又幽僻的地點，屋後有橡樹叢生的絕壁高聳著，並蜿蜒向西，前面一片平坦的低地，直伸桑嘉孟河畔，周圍種著樹木。格林太太一直叫林肯劈柴、掘洋芋、採蘋果、擠牛奶，或當她紡紗時幫她拿著紗線。

星期積成月，月積成年，而林肯依然憂傷不已。

一八三七年，即安妮去世後兩年，他對州議會的一個同事說過：

「別人看我好像很能快樂地享受生命，其實當我孤單時，真是苦悶極了！以致連我都不敢將小刀帶在身上。」

自從安妮死後，林肯就變了。偶而他心上的憂鬱也會暫時消散一下；可是他還是憂鬱日深，直到他成為伊利諾最憂傷的人。

赫登，他日後的法律同伴說過：

「若說林肯二十年來有過快樂的日子，我是從未看過……當他走路時，憂鬱似乎從他身上滴落下來！」

從此以後，林肯對有關憂傷或死亡的詩詞，便有特殊的愛好，幾乎著了魔似的。他會悶坐好幾個小時一言不發，若有所思，垂頭喪氣，然後突然朗誦「最後一葉」的幾行詩句：

花岡塚上青苔滿，
寂寞無人草自春。
多少相思無限恨，
只留刻石伴塵埃。

安妮死後不久，他背誦一首詩〈死亡〉，開頭說：「嗟爾浮生，何驕之有？」這變成了他心愛的詩。他常在無人時，獨自反覆背誦；或在伊利諾旅館中對人朗誦；或公開演講時引用其句；對白宮的人背誦；也抄寫好幾份給朋友們，並且說，我最喜愛末尾兩節：

希望、失望、歡樂和憂傷，
混成一片，不拘陰晴；微笑、淚珠、高歌和悼曲
彼此追逐，有如白浪。
轉瞬之時，一息之間，
如花美眷，竟成屍朽，

朝藏金屋，夕臥青塚。
嗟爾浮生，何驕之有？

這古老的康特公墓，即安妮・羅特利基長眠處，原在一所清靜的農莊當中，三面有麥田，一面是茂盛的草原，有牛在吃草。墓地現今已長滿了灌木和籐草，少見人跡。春季有鶺鴒在那裡做巢，四周甚是寂靜，偶爾可聞幾聲羊啼鶉鳴，才打破這片寂寞。

約有半個世紀，安妮的遺體安葬在那邊太平無事。然而一八九〇年，有個當地的殯葬承辦人，要在四哩外的彼得斯堡另開一個墓地；彼得斯堡早已有一個美麗而寬大的墓地叫做玫瑰崗公墓，因而這個新公墓的生意不佳。結果，這個貪心的殯葬承辦人，想出可怕的計劃要干犯林肯情人的墳墓，將她的骨灰搬到他的墓地裡來，利用它來做號召。

所以「大約是在一八九〇年五月七五日左右」——這是他可怕的口供——他便掘開她的墳墓了。那末他看到什麼呢？一個溫柔恬靜的老婦人，她親口向作者講述過那件事情，她是梅克拉・羅特利基的女兒，她是安妮的表姊。梅克拉當年經常和林肯一起在田裡做工，幫助他測量土地等等，因此她對於林肯和安妮戀愛的事情，比任何人都要曉得更詳細。

在一個春天恬靜的夜晚，這位老太太坐在廊前的搖椅，向作者說道：「我常聽見爸爸說起，在安妮死後，林肯總要走五哩路到安妮的墳墓上，並逗留很久，爸爸著急，生怕他出了事，就去把他帶回家來……是呀，當安妮的墳墓被掘開的時候，爸爸和那個殯葬承辦人在一起，我常聽他提起，他們從安妮的屍首上找到的僅有遺物，便是她衣服上的四顆珍珠釦子。」

殯葬承辦人就拿起那四顆珍珠釦子和一些泥土，改葬在彼得斯堡他新開闢的奧克蘭公墓——然後大事宣傳，說安妮・羅特利基安葬在那裡。

如今，每逢夏季，就有幾千遊客開車到那裡去，在那個號稱安妮的墓前憑弔一番；我曾見他們低首揮淚，垂悼這四顆珍珠釦子哩。在這四顆鈕釦上面豎立著一座美麗的花崗石紀念碑，上面刻著艾科卡・李・馬斯特的詩選中一首詞句：

我雖沒沒無聞，
不朽音樂因我而生：
「永不懷惡意，惟慈悲待人。」

因著我，眾生對眾生可以寬容，
國家慈祥的面貌，
因公義和真理而發光。
我乃安妮・羅特利基，孤眠青塚下，
為亞伯拉罕・林肯終生鍾愛，
忠貞相許，一朝永訣，
相憶之情，綿綿不絕。
雖我遺骨，化為塵埃，
願我國土，永遠光明。

然而安妮的遺骨雖化為塵埃，卻仍留在老舊的康特公墓。貪婪的殯葬承辦人並不能把她搬走——她和他的往事依然在那裡。鶉鳥低鳴，野玫瑰遍開，這便是亞伯拉罕・林肯傷心垂淚的地方，是他的心埋葬之所在，也是安妮・羅特利基情願永留之地！

6

一八三七年三月，安妮死後兩年，林肯離開了新沙連，借了一匹馬，直接騎到春田市，開始了他所謂的「實習」律師的生涯。

在他的鞍袋裡，放了他所有的財物。他僅有的便是幾本法律書籍，幾件襯衫和內衣，還有一雙舊的藍色短襪，裡面裝滿六又四分之一和十二又四分之一的銅板——這是從前在新沙連郵局尚未關閉以前他所收集的郵費。在春田市的頭一年，林肯窘困得經常需用現金，他本來可先挪用這些錢，然後再償還政府，不過他覺得那是不誠實的。因此當郵局查賬員終於來清理賬目的時候，不但不少一毛一分，並且都是以一兩年前所收的原來銅板結清賬面金額。

當林肯騎馬進春田市的那天早上，他不但沒有現金，更糟糕的是，還欠了一千一百元的債務。在新沙連，他和貝利為了那間倒楣的雜貨店虧損了一筆錢，之後貝利酗酒亡故，留下林肯獨自負擔這筆債務。

其實，林肯不必還錢；他可以要求將責任減半，再推說生意失敗，在合法手續下，逃賴掉這筆錢。

不過那不是林肯的做法。相反地，他到每個債主跟前要求，如果他們肯給他時間，他答應每一元都會連本帶利還清。他們全都贊同，惟有一個例外，就是彼得。他立即告到法院，判決後，將林肯的馬和測量工具公開拍賣了。其他人則耐心等候，而林肯為了守信用，只得省吃儉用達十四年之久。甚至拖到一八四八年，當他做了國會議員的時候，還要寄錢回家，還清最後一筆雜貨店的老債務。

且說那天早晨，他把他的馬拴在公共廣場西北角施畢特的百貨店前面，以下便是施畢特親口的敘述——

他騎著一匹借來的馬，在村子唯一出租房間的人家要了一個單人床位。他走進我們店裡，將鞍袋放在櫃台上，詢問一個單人床位所需的家具要多少錢。我拿起石板和筆，計算了一下，告訴他全部需要十七塊錢。他說道：「那也許是夠便宜的；但老實地說，雖然是便宜，我還是沒有這筆錢。如果你願意讓我賒賬到聖誕節，又我在此地試作律師也能順利成功，那麼我將在那時付錢給你。萬一我失敗的話，我或許永遠無法付錢給你哩！」他的聲調顯得很悲哀，我甚表同情。我抬頭看他，當時我想，一如現今所想，我這輩子從未看過那麼憂鬱悲哀的臉孔。我向他說：「假如這麼小的一筆債都會如此嚴重地影響你，我想我可以建議一個辦法，使你不致負債而能夠達成你的目的。我有一間很大的房間，裡邊有一張很大的雙人床，假如你願意，儘可與我共榻。」他問道：「你的房間在那裏？」「在樓上。」我邊說邊指店裡通至我臥房的樓梯。他一言不發就拿起鞍袋，走上樓去，將它們擱在地板上，再下樓來，滿面笑容，高興地叫：「好啊，施畢特先生，我太受感動了！」

這樣，以後五年半中，林肯和施畢特共榻，睡在店的樓上，不付任何房租。

另一個朋友，威廉・白特勒，接林肯到他家裡去，不但供給他五年食宿，並且為他購製好多衣服。

林肯大概在他做得到的時候，偶爾付給白特勒一點錢，但沒有一定的金額。這不過是朋友間隨隨便便的協定而已。

林肯真的應該為此感謝上帝，因為如果不是由於白特勒和施畢特的幫助，他在法律方面絕無法有所成就的。

他和另一位名叫史鐸特的律師一起營業。史鐸特大部分的時間花在政治活動，而將事務所的例行業務交由林肯承辦。其實，不見得有多少例行業務要承辦，也算不得什麼事務所。家具只是「一張又髒又小的床、一張牛皮被、一把椅子、一張長凳以及一個書架放著幾本法律書。」

該事務所的記錄指出，頭六個月該事務所只收到五筆錢；一次是兩元五角，兩次各為五元，一次是十元，而有一次竟押下一件外套當作一部分的代價。

林肯大為失望，有一天他走到伊登的木工店裡，表示他有意放棄法律再去當一個木匠。正像幾年前，在新沙連研讀法律時，算是林肯很沉寂的一年。他所交往的人，只是夜晚偶爾聚在施畢特商店，討論政治問題作為消遣的男人。禮拜天林肯沒有上教堂去，因為他說，在春田市這樣高貴的教堂裡，他將不知所措哩。

在第一年，僅有一個女人和他講過話，而他曾寫信告訴一個朋友：「如果她能避免，她也絕不會講話的。」

但一八三九年有一個女人來到城裡，不但和他講話，而且追求他又決意結婚，她的名字便是瑪麗・陶德。

有人曾經問過林肯，為何陶德（Todd）這個姓要這樣拼寫，他幽默的說，上帝（God）只需一個「d」就知足了，但是陶德家卻需要兩個哩！

陶德家很誇耀他們可以追溯到第六世紀的家譜，瑪麗的祖父輩和曾祖父輩都當過將軍或州長，並且有一個曾任海軍部長。她自己在肯塔基勒星頓一所貴族化的法國學校受過教育，這所學校是兩個法國貴族，於大革命期間自巴黎逃亡來此開辦的，由夢黛夫人和他的丈夫所主持。因此瑪麗能說一口流利巴黎口音的法語，她跳方塊舞及當年那些貴族在凡爾賽宮常跳的「撒克松圓舞」。

瑪麗舉止高傲，目中無人，自以為高貴非凡，並堅信她有一天必定要做總統夫人。她不但有此自信，而且公開誇口。那當然很可笑，人家都嘲笑她並且說長道短，可是沒有任何事物能夠動搖她的自信，也沒有任何事物能夠制止她的自誇。

她自己的姐姐談到瑪麗，說她：「愛好虛榮、浮華、出風頭和弄權。」又是，「我所見過最有野心的女人。」

不幸，瑪麗的壞脾氣常常控制不住；一八三九年有一天，她和繼母爭吵，「砰！」的一聲，把門一摔便怒氣沖沖的離家出走了，她來到春田市，住在一位已嫁的姐姐家裏。

假若她決計要嫁給一位總統，她可真是選對了地方，因為全世界中沒有比伊利諾州春田市更使她的前途有希望。那時，它是個骯髒卑微的邊境村莊，靠近沒有樹林的大草原，沒有舖砌的馬路，沒有街燈，沒有行人道，沒有排水溝。牛群在街上徘徊，豬群在泥坑裏亂竄，到處有糞土堆積，發出臭味。雖然全村人口只有

一千五百人；然而這裏卻住了兩個青年，注定在一八六〇年成為總統候選人——史蒂文生．A．道格拉斯，為民主黨北派的競選人，以及亞伯拉罕．林肯，為共和黨候選人。

他們兩個都認識瑪麗，同時追求她，兩人都曾和她親密過，據她自己說，他們兩個都向她求過婚。

據她姐姐說，每逢人家問起打算跟那一個結婚時，瑪麗總是回答：「看誰最有希望做總統，我便嫁給誰。」

這等於在說道格拉斯，因為當時道格拉斯的政治前途，實百倍於林肯。雖然道格拉斯才廿六歲，他已被人稱為「小巨人」。他做國務卿時，林肯只不過是個初開業的律師，住在施畢特家的樓頂，幾乎無法支付伙食費。

亞伯拉罕．林肯還未在自己本州以外被人知曉前，道格拉斯已成為美國極有勢力的政治人物了。事實上，在林肯當選總統的前兩年，一般的美國人對他知道的，只是他曾經和那出眾又有勢力的史蒂文生．A．道格拉斯爭辯過。

瑪麗的親戚們全都以為她喜歡道格拉斯甚於林肯，而她大概也是如此。道格拉斯比較懂得侍候女人，他有吸引人的好處，比較有希望，禮貌較為周全，又有較高的社會地位。

此外，他的聲音宏亮悅耳，有一頭黑色的鬈髮，他跳起華爾滋舞極為優雅，而且他對瑪麗會說一些可愛的恭維語。

他是她理想中的男人，她對鏡梳粧時，總要獨自囁嚅：「瑪麗・陶德・道格拉斯。」這名字聽來甚美，有時入夢，便夢見她自己在白宮裏和他跳著舞……

正在道格拉斯追求她的階段，有一天在春田市廣場，他同一個報館編輯打起架來──他正是瑪麗最親愛的朋友的丈夫。後來她大概說了他一頓。

又有一次，他在酒宴上喝醉了，爬上桌子，大跳華爾滋舞，高聲喊叫、歌唱，並將酒杯、烤火雞、威士忌酒瓶和碗盤向地上亂丟。想必瑪麗又數落他一頓。

而且，若是他請另一個女子去跳舞，那麼，她就鬧出難堪的場面。

終於這追求就不了了之。

柏衛基參議員說過：「雖然以後一般人傳說道格拉斯向瑪麗求婚而被拒絕，因為他道德不好，那種說法顯然是女方的自衛之詞而已；因為道格拉斯當時已飽經世故，又精明又機警，根本不曾向瑪麗小姐求過婚。」

無限失望後，她還想激起道格拉斯的嫉妒心，乃將她的一番熱情轉到他政壇上的勁敵亞伯拉罕・林肯身上了。但那樣並不能挽回道格拉斯，於是她只得打定主意，一心要抓住林肯。

愛德華夫人，即瑪麗的姐姐，後來將追求的情形描述如下：

「我屢次走進他們坐的房間，瑪麗總是滔滔不絕，林肯先生只坐在旁邊靜聽著，他難得說上一句，只管凝望她，似乎被某種高尚而不可見的力量吸引過去一樣。他為她的機智所迷，又對她的敏捷驚奇；然而他都無法和瑪麗這一類的高貴婦女盡情談天。」

那年的七月，數個月來已在醞釀中的自由黨大會，終於在春田市召集，各地都旅代表來。許多人來自幾百哩外的地方，揮舞著旗幟並有樂隊吹奏著。芝加哥的代表團，將一隻小船裝成一隻雙帆船，拖過遙遠的路程而來。船上奏著音樂，有美女跳舞，且沿途往空中鳴砲。

民主黨曾經批評自由黨競選人威廉・亨利・哈利斯，像一個住在木屋，飲用著烈性蘋果酒的老婦女。因此自由黨員將一間木屋裝上輪子，用三十頭牛拖過春田市的馬路，有一棵山胡桃樹在屋旁搖擺著，樹上有幾隻樹狸嬉戲著，又在門旁擺著一大桶烈性的蘋果酒，隨時可取飲。

夜晚，在熊熊的火光下，林肯做了一番政治演說。

有一次聚會時，他的黨派，即自由黨，被指太貴族化，穿著華貴衣裳，都妄想獲取一般平民賜票。林肯答道：

「我初來伊利諾州時，僅是一個赤貧、陌生、舉目無親，未受教育的孩子，而後以每月八塊錢的工錢在船上工作。我只有一條褲子，是鹿皮做的。當鹿皮潮濕而被陽光曬乾時就會縮小；幾次縮水後，褲腳便縮得比鞋面高了好幾吋。同時我不斷地長高了，褲子又短又小，就在我的腿上留下一條藍印，至今猶在。如果你們認為這是貴族化的衣服，我必須表示服罪。」

群眾吹口哨，高聲歡呼，表示擁戴。

當林肯和瑪麗到達愛德華家裡時，她告訴他，她多麼以他為榮，他是個偉大的演說家，有一天必將做總統。

他低頭看著她，月光下她依偎在他身旁，她的神情代替了言辭。於是他彎下身子，雙手擁抱著她，輕輕地吻了她……結婚的日期定在一八四一年一月一日。雖然是僅僅六個月以後的事，但其間卻惹起好多風波。

7

瑪麗和林肯訂婚後不久，她就想要改變他。她不喜歡他的穿著，常拿他和她的父親比較。十二年來，每天早晨她總是望著羅伯・陶德在勒星頓街上行走，手執金頭手杖，穿著藍呢上衣，白麻布褲子套在靴裡。而林肯呢？他在大熱天時從來不穿上衣；更糟的是，有時他連硬領也不穿。平常他僅用背帶吊著褲子，鈕釦掉了，便削根木釘，把衣服別起來。

如此粗俗的做法使瑪麗生氣，她就照樣向他嘮叨。然而，不幸地，她說話的口氣，既不溫柔、也不委婉。

雖然從前在夢黛夫人的學校裡，她學會了各種舞步舞姿，但對應酬都一無所學。而她一向苛責的態度，快速地滅絕了男子的愛慕；她使林肯坐立不安，他不得不設法規避她。他不再像從前那樣一個禮拜來看她兩三次了，有時一連十天還不露面；於是她就寫信抱怨，譴責他太冷淡她了。

當時麥蒂達・愛德華來到春田市。麥蒂達是一位雍容華貴的金髮女郎，是瑪麗姐夫的堂妹，她也住在愛德華家裡。當林肯來看瑪麗的時候，麥蒂達總是矯柔造作一番。她不會說流利的法語或跳撒克松圓舞，但她曉得如何應付男人，因此林肯也很喜歡她。有時當她走進屋裡來，林肯注視看她時，便對瑪麗的談話心不在焉，這就使瑪麗更加憤怒了。有一次他帶瑪麗參加舞會；因他不太會跳舞，所以就讓她和別的男人跳舞，而他都坐在角落裡和麥蒂達談天。瑪麗指責他愛上麥蒂達，他也不否認；於是她便哭倒了，要他——從此不許再看麥蒂達一眼。

當初熱烈的戀愛，如今居然變為爭執和吹毛求疵了。

林肯終於明白他和瑪麗在各方面都有衝突；不論在教養、背景、脾氣、嗜好、或人生觀皆然。他們不時地相互激怒，林肯知道他們的婚約必須解除，因為他們的結合將會凶多吉少。瑪麗的姐姐和姐夫也同意這看法。他們勸瑪麗放棄和林肯結婚的念頭，並再三警告她，他們個性如此不相投，結婚絕不會幸福的。

然而，瑪麗不肯聽勸告。

林肯花了好幾個禮拜，想鼓起勇氣告訴她這樁不幸的事實。有天晚上，他走到施畢特店裡，倚在壁爐邊，從口袋裡取出一封信叫施畢特看，施畢特回憶此事說：

那信是寫給瑪麗的，裡面明白地表示了他的心情。告訴她，他很慎重並且心平氣和地一再思量這件事，覺得他愛她不夠深切，因此不能與她結婚。這封信他要求我送去，我剛推辭，他便說要另外請一個人送去。我提醒他，一旦他把書信送到陶德小姐手裡，她便佔了上風。我說：「私下的談話會被遺忘的，不致被人注意，然而一旦寫在紙上，就成為實際的證據，別人可憑它來對你不利了。」於是，我把那封不幸的書信扔進火裡。

我們永遠無法得知林肯對她說了什麼；但是柏衛基參議員說過：「由他寫給歐文小姐的最後一封信，我們便能想像他寫給瑪麗信中的大致內容。」

關於林肯和歐文小姐之間的事，可以簡單說一說。她是林肯在新沙連時認識的阿貝爾太太的妹妹。一八三六年的秋天，阿貝爾夫人回到肯塔基州的娘家，說如果林肯願意同她妹妹結婚，她就將她妹妹一起帶回伊利諾州。

林肯早在三年前見過這個歐文小姐，他便說好，於是歐文小姐真的來了。她有一張美麗的面孔文雅，受過教育，也有錢；但是林肯無意與她結婚。他認為：「她過份遷就了。」而且她比他大一歲，又矮又胖——照林肯所說：「很可能與法斯特（莎翁筆下的喜劇角色）配合。」

「我絲毫不喜歡她，」林肯說：「可是我也沒法子。」

阿貝爾夫人「非常焦急」，要林肯履行諾言。

但他並不著急。他承認他「一直懊悔這次的鹵莽」，致使他如此輕易承諾，而他著實畏懼和她結婚，「就如愛爾蘭人懼怕絞索一樣。」

於是他寫信給歐文小姐，老實又婉轉地敘述他的看法，並且要求解除婚約。以下是他寫的一封信，一八三七年五月七日在春田市寫的。由此我們可猜想他給瑪麗・陶德的信，必然相仿。

歐文小姐：

我曾經試著寫過兩封信要給妳，因為辭不達意，所以我把它們撕毀。第一封信我認為夠嚴正了，而第二封信口氣又太嚴重了。這一封信不論好壞，我都將寄給妳。

在春田市過日子，實在是乏味不堪——至少我是如此。我在此地依舊感到孤寂，正如我無論到何處去都一樣。自從我到此地，僅有一位女人和我交談過，而如果她能夠避免，就不會來找我說話了。我從不曾進去過禮拜堂，恐怕以後也不會進去，因為在裏面我不知所措。我時常想，假如妳到春田市來居

住，恐怕不會感到滿意。此地非常講究風度舉止，若不加以注重，必遭唾棄。我無法掩飾我的窮困，所以妳將會過著貧窮的日子。妳認為妳能夠忍耐嗎？不論是哪一個女人，若肯與我共享貧富，我必定盡全力使她快樂滿足。假若我不能做到，我將很自責的。我知道，如果妳知足的話，與妳共同生活將比我現在快樂多了。

妳當初對我的承諾，或許是說著玩的，也許我誤會了。假如是這樣，那麼，就把它忘掉吧！如果不然，我期盼妳做決定前慎重考慮。至於我，我已經決定了。只要妳願意，我必定履行我的諾言。

我認為妳最好不要提這件事。妳不曾過困苦的生活，它比妳想像中的還要苦。我知道妳對任何事物都能夠正確的判斷；如果妳深思熟慮後，仍然願意，那麼我必會遵照妳的決定。

妳收到此信後，希望能給我一封長信。妳應該沒有其他的事情要做，雖然妳不見得會有興趣寫信，但在這寂寞的環境中，都大可成為我的良伴。請告訴令姐，不要再提賣掉一切東西另換環境的話。我一想到那事就感到不安。

林肯　手啟

關於林肯和歐文小姐的事，到此即告結束。

現在再談瑪麗・陶德，施畢特將林肯寫給陶德小姐的信件投進火裡，然後轉向他的朋友兼室友說道：「假如你有男子氣概，就親自去會晤瑪麗吧！你若不愛她，就老老實實告訴她，說你不願意和她結婚。要小心不可多說話，一有機會就要儘速告退。」

「經過這番勸告，」施畢特說道：「他便穿好上衣，帶著下定決心的表情，走了出去，準備按照我指示的方法，完成這件嚴重的事情。」

赫登寫道：

> 「那天晚上，施畢特沒有上樓與我們一同就寢，假裝要讀書而在樓下店裡，他是在等候林肯回來。十點已過，她與陶德小姐的晤談仍未結束。終於，十一點過一些，他大搖大擺地走進來。根據林肯逗留的時間，施畢特已知道他的辦法並未被遵行。」

「喂，老同伴啊！你按照我的指示和你所答應的去做了沒有？」這便是施畢特的第一句話。

「是的，我照辦了，」林肯心事重重地回答：「當我告訴瑪麗我不愛她的時候，她便放聲大哭，幾乎從椅子上跳起來，搓著兩手顯得很痛苦，並且說些騙子應當自己小心受騙一類的話……」然後他住嘴了。

「你還說了什麼？」施畢特追問，打算向他問個究竟。

「老實說，我實在受不了啦！我也淚流滿面，我將她抱起來吻了她。」

「這就是你解除婚約的方法呀！」施畢特譏誚道：「你不但做了傻瓜，而且你如此舉動，等於重新訂婚，按情理這一次你就休想退婚囉！」

「唔，」林肯支吾看說道：「若是我重新訂婚了，也只好算了。既然已成事實，我也只得履約了。」

時間飛快，婚期迫近了。女裁縫們都在為瑪麗做嫁衣。愛德華家的大廈已重新油漆，客廳都重新佈置，地毯換新，家具也擦亮，搬到適當的位置。

然而就在同時，林肯正遭遇一件不幸的事，沒有人知道是什麼毛病。心理上的壓抑和一般的憂傷是不同的；那是一種嚴重的病症，影響到精神和身體兩方面。

現在林肯一天比一天消沈，委靡不振。他的心神幾乎失常，也許是這次無可言喻的苦痛，使他的腦子留下終身的傷害呢！雖然他確實已同意要結婚，但整個心靈都排斥著。不知不覺中，他竟然尋找逃避的方法。他在店裏樓上的房間呆坐好幾個小時，無意上班，也不出席參議會。有時凌晨三點鐘他就起床，下樓來，在壁爐裡生火，然後坐在旁邊，凝視火光直到天亮。他吃得少，因而體重開始減輕。他常發怒，躲避人們，也不與任何人交談。

他現在對於逐漸逼近的婚姻大事感到畏縮了。他的心似乎在幽暗深淵裡旋轉著，他想他一定失去理智了。他寫一封長信給辛辛那提的丹尼爾・杜立克博士，即西部最著名的心理醫生兼辛辛那提學院醫學系的主任，敘述他的病況，並且請求醫生建議一種治療方法。但是杜立克醫生回答，若沒有親自檢查，他是無法做到。

婚禮定於一八四一年一月一日。當日天氣清朗，春田市的富貴人家都坐上雪車，到處拜年。駿馬的鼻孔裡呼著白氣，小鈴子叮噹作響，蕩漾四周。

愛德華家趕忙著最後的安排。送貨的孩童忙碌地敲著後門，不斷送來臨時趕買的物品。為了這件大事，特地請來一位名廚，這次喜筵不用火爐邊的老鐵灶，而用剛剛裝置的新發明——烹飪專用爐。

元旦的黃昏已籠罩全市，燭光燦爛，窗口掛著冬青葉的花圈。愛德華家的氣氛，因興奮而緊張，因期待而浮動著。

六點半，滿面春風的賓客們開始光臨，六點四十五分牧師來了，手臂下夾看聖經和禮物。每個房間都堆滿鮮花，花色綺麗絢爛。壁爐裡火光熊熊，劈啪作響到處瀰漫著喜氣。

時鐘敲了七點……七點半。林肯還未到……他遲到了。

一分鐘一分鐘過去……慢慢地，無情地，走廊中的大鐘滴答作響，一刻鐘過去了，半個鐘頭……新郎仍不出現。走到大門口，愛德華太太不安地向馬路觀望。是怎麼回事呢？難道他……？不！不能想像的！不可能的！

家人聚在一起……低頭耳語……緊急商量辦法。

在隔壁房間裡，瑪麗披著婚紗，身穿絲綢禮服，等待著……等待著……不安地撫弄著髮上的花朵。她不斷地走到窗口邊，俯視著街上，她不能不看時鐘。她的手掌逐漸潮濕，汗珠亦佈滿額頭。又過了可怕的一個鐘頭了。

他答應過的……的的確確……

九點半時，來賓一個個告辭，滿臉懷疑，又顯得困窘。

等到最後一個來賓走掉後，新娘子就一把扯下婚紗，把頭髮上的花朵扔掉，嗚嗚咽咽地跑到樓上房間，哭倒在床上了。她真是傷悲至極！啊！上帝呀！人們會如何議論呢？她將要被人笑話，受人憐憫，遭人侮辱，羞恥到不敢在街上走了。她滿腔悲憤辛酸。一會兒，她盼望林肯來把她擁抱起來；一會兒，她又為他所帶給她的恥辱和傷害，恨不得把他殺掉。

林肯在哪裏呢？他遭到暗算嗎？發生了什麼事嗎？他跑掉了？自殺了？沒有人知道。半夜裡，人們提看燈籠，大家四處去找他。有些打聽到城裡他常去的地方，有些人則沿著到鄉村的路去找。

8

大家找了整個晚上，黎明過後，林肯終於被發覺呆坐在他的事務所內，語無倫次。他的朋友們怕他精神失常了。瑪麗的親戚們都說他已經發瘋了，所以沒有來舉行結婚儀式。

亨利醫生立刻被請來了，林肯嚷著要自殺，所以醫生交代施畢特和巴特勒輪流看守他。他的刀已被取走，正如以前安妮才去世時一樣。

亨利醫生希望讓他的心思多忙碌一些，就勸林肯去出席州議院的會議。他是自由黨的發言人，本來應該要經常出席的。然而記錄上顯示，他在三星期中僅僅出席四次——每次亦只有一兩個小時。一月十九日，約翰・J・哈定正式向眾院宣布，他患病了。

逃婚後三個星期，林肯便寫了他畢生最淒慘的一封信，給他的法律事業伙伴：

「我現在是人間最淒慘的人。假使我將內心的憂愁，平均分給世人，恐怕全世世界再也不出一張笑臉了。以後我是否還能快樂，不得而知。我怕是做不到了，但要我繼續生活在目前的狀況下是不可能的。在我看來，假如我的心境不能好轉，還不如一死了之。」

威廉・E・巴頓在他著名的林肯傳記中說明：「這封信除了表示林肯精神非常困苦……他極其害怕自己會發瘋之外，別無所言。」

他經常想死，甚至求死，而且寫了一首關於自殺的詩，發表在雜誌上。

施畢特怕他尋死；就帶他到路易斯維附近的母親家中。他們給他一本聖經，把他安頓在一間幽靜的臥房，由窗口可望見一彎清溪，蜿蜒流過草原，一哩外有座森林。每天早晨，有個黑奴給林肯送咖啡到床上來。

愛德華夫人，瑪麗的姐姐，說是瑪麗「為了要維持她的顏面，並使林肯安心，就寫了一封信給他，說她答應他解除婚約。」

當然他絕不願再那麼做，他再也不想見她了。甚至在林肯逃婚一年後，他的好朋友詹姆斯・馬賽尼「還以為林肯會自殺呢！」

在一八四一年「不幸的元月一日」過後約有兩年時間，林肯完全不理瑪麗，只希望她忘掉他改嫁別人。但她始終不肯，因為這與她的面子有關，也是她寶貴的自尊心使然。她下定決心，要叫那些輕蔑或憐憫她的人看看，她一定會和亞伯拉罕・

林肯結婚，一定能成功的。

而他也下定決心，絕不和她結婚。

事實上，他心意非常堅定，所以在一年之內便向另一個女子求婚了。當時他已三十二歲了，而他的對象才十六歲，她名叫莎拉・李，是巴特勒夫人的小妹，林肯曾經在她家住過四年。

林肯向她求婚，說他的名字是亞伯拉罕，而她是莎拉，分明是天配佳偶。然而她拒絕了，因為，正如她寫給朋友的信中說過：

「我還年輕，只有十六歲，目前我對婚姻還沒有考慮的打算……我一直很喜愛和他做朋友，然而你曉得，他奇特的舉止和平凡的表現，總是沒法子使一個剛剛踏進社會的女子傾慕的……他看起來簡直像是我姐姐家屬裏的一個兄長。」

林肯常常為當地自由黨報章——《春田日報》寫社論，編輯賽門・法蘭西，乃是他的密友。不幸，法蘭西的妻子非常愛管閒事，因為年逾四十又沒有子女，她居然以春田市的月下老人自居了。

一八四二年十月初，她寫信給林肯，請他第二天下午到她家去。這是一個特別的要決，儘管他不曉得到底是什麼意思，還是去了。他到達後，便被請進客廳；出乎他意料之外，他居然看見瑪麗坐在他面前。

林肯和瑪麗說了些什麼，做了些什麼，儘管都無卷可考。但是，當然這位可憐又軟心腸的人是沒法兒逃避了。假若她哭泣——當然她是會哭泣的——他很可能即刻就向她屈服了，並且服服貼貼地為曾經逃婚的事認罪了。

以後他們經常會晤，但總是在法蘭西家，私下見面。

最初瑪麗甚至也沒有讓她姊姊知道，林肯又和她會面了。

終於她姐姐發覺了，她質問瑪麗：「為什麼隱瞞著？」

瑪麗含含糊糊地回答：「既然從前有那些事發生過，所以這一次還是保密為宜。世上男人的心和女人的心一樣不可捉摸。」瑪麗接著說：「所以如果婚約再遭到意外，至少外面的人不會知道。」

換句話說，或說得乾脆一點，因為吃過一次悶虧，她這一次便決意保密，直到她很清楚林肯有意和她結婚為止。

那麼，這一次陶德小姐運用什麼技巧呢？

詹姆斯・馬賽尼表示過，林肯經常告訴他說：「他是被迫結婚的，因陶德小姐總是告訴他，在道義上他非和她結婚不可。」

赫登對此事當然知曉甚詳，他說過：

「依我看，林肯先生是為了維護他的信譽才和瑪麗結婚的，這樣做使他犧牲了家庭幸福。他曾經主觀的、客觀的、並仔仔細細地檢討過自己：他肯定他絲毫不愛她，但他答應和她結婚。這可怕的思想，如同惡夢似地出現……終於他必須面對這一場信譽與家庭幸福的矛盾了。他選擇前者，也附帶地承受了多年的自我折磨、犧牲的痛苦，以及永遠失去家庭的幸福。」

在他下決心以前，他曾經寫信給已返回肯塔基的施畢特，問他婚後是否得到快樂。「請儘速回信，」林肯催得急：「因為我迫切想知道。」

施畢特回答，他婚後比他想像的更為快樂。

於是，第二天下午，即一八四二年十一月四日，林肯勉為其難地向瑪麗正式求婚了。

她打算當晚就舉行婚禮；他都猶豫不決，感到驚訝又有點害怕！因為事情進展得太迅速了。他曉得她有些迷信，便指出那天是星期五。然而，對於從前所發生的事記憶猶新，她現在最怕延遲了，就連二十四小時，她也不願等候了。此外，那天又偏是她廿四歲的的生日，所以他們匆匆忙忙跑到查特頓珠寶店，買個結婚戒指，並在上面刻著：「永愛不渝」。

那天下午，林肯便請詹姆斯・馬賽尼做男儐相，說道：「詹姆斯，我還是要與瑪麗結婚了。」

傍晚，林肯在巴特勒家裡，穿上最好的服裝，又擦亮皮鞋，巴特勒的小兒子跑進去，問他要上那兒去？

林肯答道：「我想，是到地獄去吧！」

在絕望之時，瑪麗已將她的嫁衣全部送人了，如今只穿一件簡樸的白洋裝，舉行婚禮。

一切籌備事宜都是既緊張又匆忙地辦好。愛德華夫人說，她在結婚的兩小時前才知道這件事，她連忙烤一個結婚蛋糕，都等不及冷卻，便塗上奶油，因此蛋糕的花飾頗不成形。

查理牧師身穿禮服，朗讀莊嚴的結婚禮辭時，林肯始終面無笑容。

他的男儐相說：「他看上去簡直像被宣判死刑。」

林肯對於他的婚姻，只提過一次。那是結婚一星期後，他寫給撒彌爾・馬歇爾的商務信上，末尾的一段附筆。這封信現在由芝加哥歷史協會保存著。

「乏善可陳，」林肯寫道，「我卻結婚了，那對我真是莫名奇妙的事。」

第二部

困頓中年

〈一八四二年十一月～一八六一年四月〉

9

當我住在伊利諾州新沙連寫這本書時，我的好朋友亨利是當地的律師，好幾次對我這樣說：「你該去拜訪吉姆・麥爾斯伯伯，他有一位姨父，名叫赫登，乃是林肯的律師同事，還有一位姑母出租過一戶公寓，是林肯夫婦的房東。」

那是條有趣的線索；我和亨利先生就在七月的一個禮拜天下午，坐上他的車，直駛到新沙連附近的麥爾斯農莊去——從前林肯徒步到春田市借法律書籍時，路過這所農莊，總要逗留一下，討杯蘋果酒喝，說上幾句話。

我們到達後，吉姆伯伯拖出三張搖椅，放在前面院子一棵大楓樹下，看著小火雞和小鴨在周圍的草地成群嬉戲，我們居然暢談了好幾個鐘頭；吉姆伯伯講述有關林肯的一件事，是從未被透露過的。那事是這樣的——

麥爾斯先生的姑母嘉德琳，嫁給一位名叫雅克・M・安利的醫生。大約林肯到達春田市一年後——一八三八年三月十一日的夜晚——一個不知姓氏的人，騎馬到

安利醫生的家，敲了門，把醫生喊到門口，突然舉起雙管獵槍射殺了他，然後跳上馬飛奔而去。

春田市雖小，卻始終抓不到槍殺犯，這樁血案至今仍是一個謎。

安利醫生只留下一小塊房地產；因此他的孀婦不得不招收房客，藉以維持生計。林肯夫婦新婚後不久，便到安利太太家裡住下。

吉姆．麥爾斯伯伯告訴我，他經常聽見他的姑母，即安利太太，講起這段事：一天早上，林肯夫婦正在用早餐，林肯不知做了什麼事，竟然惹起他太太的怒火。其實是極小的事，但林肯夫人大發雷霆，把一杯熱烘烘的咖啡，朝著她丈夫臉上潑過去，當時其他房客也在座。

林肯一聲不響，神色自若地坐著。還是安利太太拿來一條濕毛巾，讓他擦拭臉上和衣服。由這件事，就可想像林肯夫婦爾後廿五年的婚姻生活了。

春田市有十一位律師，但他們不能全靠那裡謀生；於是他們常常騎著馬，從一個鄉鎮轉到另一個鄉鎮，隨著大衛．戴維斯法官出庭的地點移轉。別的律師們總是設法在每星期六趕回春田市與家人共度週末。

唯獨林肯不然，他十分怕回家，春季三個月，夏季三個月，他總是在外地巡迴，從來不接近春田市。

一年復一年，他一直如此。鄉間旅館是極不舒服的；但他還是甘願忍受，而不願回家，因為他受不了林肯夫人不斷的嘮叨和暴躁的脾氣。「她整天找他麻煩，使他像失了魂似的。」——那是鄰居們所說的話。那些鄰居們當然知道這情形，因為她常大聲責備林肯，從不避諱別人。

「林肯夫人那又響又尖銳的聲音！」柏衛基參議員說道：「連對街都能聽得到，而她不斷的怒吼聲，是鄰居常聽見的。有時她還用言語以外的方式來發洩怒氣，她的暴行真是不可勝數！」

「她將她的丈夫，帶進一種既野蠻又激烈的生活中。」赫登說。

赫登認為他明白為什麼——她會顯出這樣令人畏懼又潑辣的個性。

她是存心報復。「他曾經粉碎了她驕傲的女性尊嚴。」赫登如此推測：「她覺得在眾人面前丟了臉；為了報復，就不顧愛情了。」

她永遠在埋怨，永遠在批評她的丈夫；指責他從沒有一件事是對的：他的肩膀上聳，走路不好看，兩腳僵直如印第安人一般。她嫌他步伐不輕快，姿勢不優美；她模仿著他的姿態，並且要他走路時腳尖先著地，像她在夢黛夫人那邊所學的一樣。她不欣賞他的兩個耳朵太向前突出，又說他的鼻子不夠直，下唇突出，他的樣

子活像個癆病患者，他的手足太大，頭又太小。

他對於個人的外表儀容異常漠視，更使她極端的不快。赫登說：「林肯夫人發脾氣不是沒有緣故的。」有時她的丈夫在街上行走，居然一隻褲管塞在靴裡，另一隻則罩在靴外。他的皮靴甚少擦油或刷亮，衣領經常很髒，外衣也從不刷洗。

詹姆斯多年住在林肯家的隔壁，曾經寫過：「林肯先生常到我家來，腳穿著一雙拖鞋，下身穿的是一條背帶吊著的褪色舊褲子。」天氣熱了，他要出去時，「穿件骯髒的麻布衫當作外衣，衣背汗漬斑斑，好似一幅地圖。」

有一個年輕的律師，曾在一家鄉間旅社見到林肯準備要上床時，穿的是「自製的黃絨布睡衣，長至膝蓋與踝骨之間。」他驚訝著說：「他是我所遇見過的最糟糕的傢伙。」

他一輩子未曾買過剃刀，又很少上理髮店刮鬍子，林肯夫人當然不滿意啦！他的頭髮，又粗又密，披滿一頭，好似馬鬃一般，也從不梳理。這使瑪麗非常生氣，有時她替他梳好頭髮以後，馬上就因為他把皮夾、書信和公文放在帽子裏頭，而再搞亂了。

有一天，他在芝加哥照像，攝影師吩咐他稍為「修飾」一下。他便回答：「一張修飾整齊的林肯肖像，在春田市是不會有人認識的。

他用餐的禮儀是粗俗隨便的。他不會用刀，又不會把它適當地放在盤子上。用叉子吃一塊麵包和魚的時候，他全然不得其法。有時他將盛肉的大盤子傾斜，將一片豬排扒落在自己的碟子上。因為他一定要用自己的刀子拿牛油，林肯夫人就和他鬧個不休；而有一次他竟把雞骨放在盛著萵苣的小碟上，她幾乎昏倒了。

她總是抱怨他，責罵他，因為當婦女進門時，他不起身相迎，不會過去幫她們接外衣，也不送客到門口。

他喜愛躺著看書。下班回來，他就脫掉上衣、皮鞋以及硬領，並把背帶放鬆，把走廊裏的椅子翻倒在地，在它斜背上放個枕頭，四肢舒展地躺在地板上看書報。

他可以那樣躺著，一連看上幾個鐘頭——多半是報紙。有時候他就從一本名叫《阿拉巴馬的全盛期》的書中，選讀一則自認為幽默，而有關地震的故事。他經常唸詩，並且大聲地朗讀，這是他在印地安納的朗誦學校裏早已養成的習慣。他覺得高聲朗讀，不但可由視覺幻想得到印象，從聽覺也可以加深印象，使記憶更持久。

有時候，他躺在地板上，閉著眼睛，背誦莎士比亞、拜倫或愛倫坡等人的詩。例如：

每當月光照耀，我就想起
美麗的安娜蓓．李
每當星光閃耀，我就看到
明眸的安娜蓓．李

一位婦人——是他們的親戚——曾在林肯家住過兩年。她說過，有一晚林肯正好躺在走廊讀書，有客人來了。不等僕人開門，他就跳起來，穿著襯衫走過去開門，把客人引進客廳，說他願意「向這批婦女們展示一番。」

林肯夫人從隔壁房裏看見婦女們進來，又聽見她丈夫如此開玩笑，立即大發雷霆，使他奇窘。他便溜出那棟房子，直到夜深人靜時，才由後門偷偷地溜回來。

林肯夫人最會嫉妒，她對施畢特毫無好感。他一直是她丈夫的好友，而她疑心他可能唆使林肯逃婚。婚前，林肯寫信給施畢特時，習慣在末尾寫著：「獻愛於芳妮。」但是婚後，林肯夫人只許他寫：「問候施畢特夫人。」

林肯從不忘恩，那正是他高尚品德中的一點。為了表示感謝之意，他許諾第一個孩子要取名為約書亞．施畢特．林肯。瑪麗聽到了，又大起風波了。那是她的孩子，當然要由她來命名啊！她絕不命名為約書亞．施畢特！而是要命名為羅伯特．

陶德，以紀念她自己的父親……等等。

不用說，這個孩子還是命名為羅伯特・陶德。他是林肯四個孩子中唯一長大成人的。艾迪於一八五〇年卒於春田市——年僅四歲。威利死於白宮——年十二歲。泰德於一八七一年死於芝加哥——年十八歲。

陶德於一九二六年七月廿六日，死於佛蒙特州曼徹斯特——享年八十三歲。

瑪麗埋怨園裏沒有花草樹木來增色，林肯就種了一些玫瑰花，但也不澆水，不久便枯死了。她要他佈置一個花園，有一年春天他照做了，但結果又長滿了野草。

雖然他不喜歡勞動，卻親自餵養並刷洗「老白」這匹馬；他也餵養自己的牛，親自擠奶，而且鋸自用的木柴。甚至被選為總統後，他還是繼續這樣子做，直到他離開春田市。

然而，約翰・哈克斯——林肯的表弟，有一次說過：「亞伯除了夢想之外，不會做什麼事。」林肯夫人呢？當然同意。

林肯時常心不在焉，總會陷入出神的狀態中，看起來像忘卻了這個世界的存在。星期日，他常把一個嬰孩放進一部小推車裏，在家門口那崎嶇不平的人行道上，來回地走。有時小孩子翻身跌出車外，林肯還是向前推著，他的雙眼盯住地上，一點都聽不見孩子的哭喊聲。他簡直不曉得到底發生了什麼事，直到林肯夫人

從門口伸出頭來，用尖銳的怒聲，向他大罵時，他才恍然大悟。

有時他在辦公室勞碌了一天回到家裡來，看見她，卻視而不見，也不說話。他對食物也不感興趣；她將菜餚預備好，經常還須費一番力氣，才能把他叫進餐室。儘管她叫著，他卻沒有聽見。他總是坐在餐桌邊，望著空中發呆，忘掉該吃飯，直到她再催促他。

飯後，他常痴望著壁爐半小時之久，一言不發。孩子們在他身上爬動，扯他的頭髮，和他說話，可是他好像都不注意到他們的存在。然後他會突然醒悟過來，就說個笑話，或背誦他心愛的詩句。

林肯夫人批評他從來不管束孩子。但是由於他太溺愛他們，就看不見他們的過失了。「他從不忘記讚許他們的好行為，」林肯夫人說過：「他還說：『我喜歡孩子自由又快樂，不受父母專制的管束，愛才能把一個孩子和父母連結起來。』」

他縱容他的孩子，有時的確太過份了。例如一次，他和最高法院的一位法官在下棋時，羅伯特來告訴他，吃飯時間已到。林肯回答：「來了，來了。」因為下得太高興了，他忘了有人來叫，就又繼續下棋。

孩子第二次來，說林肯夫人催他們快去吃飯。林肯又答應快去了，但仍然忘記。第三次羅伯特又來叫，林肯又答應了，卻仍然繼續下棋。忽然這孩子退後一步，就猛踢一下，把棋盤踢得比人還高，棋子兒到處亂飛。

「唔，法官，」林肯微笑著說：「我想我們只好另找時間再下完這一場棋了。」林肯顯然是未曾想到要教訓他的兒子。

林肯的孩子，常愛在夜間躲在樹籬後面，由籬笆伸出一根板條，街道上沒有路燈，行人常常碰到板條帽子就會掉下來。有一次，在黑暗中，孩子們弄錯了，就把他們父親的帽子打了下來。他可沒有譴責他們，僅僅告訴他們要小心，因為這樣也許會惹得別人大發脾氣。

林肯不屬於任何教堂，甚至和親友們也不討論宗教問題。不過，他有一次告訴過赫登，他的宗教信仰像印第安納一位名叫格林的老人一樣，那老人說過：「我做好事時心中快樂，做壞事時心中難過，那就是我的信條。」

當孩子們比較大時，在星期日早晨，他常帶他們出去散步。有一次，他把他們留在家裏，而與林肯夫人一起到長老教會禮拜堂去了。半個鐘頭後，泰德走進屋裏，找不到他的父親，就連奔帶跑經過街道直衝進禮拜堂，正好在溝道中。他的頭髮散亂，鞋帶未綁，襪子鬆弛下垂，臉和手沾滿著灰泥。林肯夫人，裝扮得衣冠整齊，不覺為之愕然，感到奇窘；但林肯從容地伸出長臂，親密地將泰德抱入懷中，將孩子的頭緊緊地靠在自己的胸上。

有時在星期天的早晨，林肯就帶著孩子到辦公室去，隨他們搗亂一陣。

「他們不久即在書架上亂翻，」赫登說：「搜抽屜，亂倒盒子，將我的金鋼筆尖敲壞了……把鉛筆丟進痰盂，墨水瓶翻倒在紙上，又將信件散亂一地，並在上面亂跳一氣。

而林肯呢？「從來沒有責怪他們，也沒有做出一個父親常有的厭煩的樣子。他是我所知道最為放縱的父親。」赫登這樣下結論。

林肯夫人難得到辦公室去；但當她去時，也要嚇一大跳。這也難怪！那地方可說一無次序，沒有整頓，到處亂堆著東西。林肯將好多文件捲成一束，上面寫道：「如果在別處尋找不到，請翻查這一束。」

正如施畢特所說，林肯的習慣是「經常的無次序」。

在一面牆上有一大片墨水印，這是有一個學法律的學生，曾經拿起墨水瓶打另一個學生，未打中而打在牆上。

那辦公室很少清掃過，也沒有洗刷過地板。有些放在書架上的花卉種子，因灰塵堆積，居然萌芽長大呢！

10

在好多方面，全春田市找不出比瑪麗更為節省的主婦了。但對於炫耀的事情，她是極為奢侈的。在林肯家還供應不起的時候，她偏偏買了一輛馬車，並且請鄰居的男孩子為她駕車，在城裏周遊訪客，一個下午給他兩角五分錢。那地方不過是個小鎮，她儘可以步行或是雇馬車的。但是她不肯，因為那樣她就失去體面了。不管她們一家是何等貧困，她總是設法籌錢去購買一些林肯無法供應的昂貴衣服。

一八四四年，林肯付了一千五百元買下查理牧師的住宅；那位牧師曾於兩年前為他們舉行過婚禮。這所住宅有客廳、廚房、起居室、寢室；後院裏，有柴堆、小房以及馬廄，讓林肯安置他的牛和叫「老白」的馬。

起初那地方對於瑪麗，像是個地上樂園；因為和以前租房子時空無一物的房間一比，實在好太多了！而且，她又有擁有自宅的新鮮感和成就感。然而不久後，那些完美亦開始消失，她不時指責這房子的缺點。她姐姐住的是兩層樓的大廈，但這房子僅有一層半之高。她有一次和林肯說過，任何有一點出息的人，絕不會住在這種一層半樓的房子裏。

通常，她向他要求任何事物時，他從不過問是否必要。「妳既然要，」他總是說：「那就儘管去買吧！」不過就這一次，他到底抗議了：家庭人口少，而房子是夠住的。並且，他又是個窮光蛋；當他們結婚的時候，他只有五百塊錢，以後一直沒有增加積蓄。他曉得他們是無力擴充房子的；她也知道，但她還是一味地催促抱怨。最後，為了叫她安靜下來，他便叫一個包工來估價，林肯背地裏要他把房子估得昂貴些，他照做了，於是林肯就告訴她價格，她愕然失措，他便以為此事已了。

可是他太樂觀了，在他下一次上路巡迴的時候，她另外請了一個木匠，做了較低的估價，就立即開工了。

當林肯回到春田市，走上第八街時，幾乎認不出自己的房子。遇見一位朋友，他就半開玩笑半認真地詢問：「借問一下，您能夠告訴我林肯先生住在何處嗎？」

他做律師的收入原本不多，常常是很拮据的。如今他一回家，就多了一筆又大又不必要的木匠賬目。

那事使他很煩惱，而他也向林肯夫人說了。

她便使出唯一應付批評的方法——大鬧一場。她指責他不會理財、不會周轉、向人收費太低。那是她最大煩惱之一，許多人也很贊同哩！別的律師經常認為林肯收費太低，而大感不悅，說他使整個律師同業都只收三十塊錢。

甚至一八五三年，林肯已四十四歲，僅再過八年就要進入白宮了。他在麥克林處理了四個案件，總共只收三十塊錢。

他說，許多顧客都同他一樣貧窮，他不忍向他們多要錢。

有一次，一個客人付他二十五元；而林肯都退回十元，說他太慷慨了。

還有一次，他為一個擁有萬元資產的神經失常女子辯護，免於遭受一個騙子的勒索。林肯在十五分鐘內就勝訴了。一個小時後，他的同事華德•雷蒙，走過來要平分二百五十元的手續費。林肯聲色俱厲地斥責他。雷蒙抗議著說，這筆手續費是先說定的，而且那女子的哥哥也同意付出的。

「也許吧！」林肯反駁道：「但我不以為然，這筆錢來自一個又窮又瘋的女子；我與其如此欺騙她，不如餓死。你至少退還一半，否則我分文不取。」

又有一次，有個經辦養老金的人，向革命軍人的寡婦，勒索四百元養老金的半數。那個寡婦已經老邁，又十分貧苦。林肯叫她提出訴訟，為她辯護而勝訴，但沒有收費。此外，他還替她付了旅館的賬，並給她錢買車票回家。

有一天，阿姆斯登的寡婦有了大問題來找林肯。她的兒子德夫，被控告在酗酒

滋事時，謀害一個人，她央求林肯解救他的孩子。林肯在新沙連時就認識阿姆斯登家，其實，當德夫還是嬰兒時，他就搖過他的搖籃呢。阿姆斯登家的人是粗獷暴躁的，但林肯仍然愛他們。傑克‧阿姆斯登即德夫的爸爸，曾做過克拉利叢林少年幫的領袖，他和林肯的角力，是眾所皆知的。

老傑克如今已死去。林肯很樂意出庭，並做了他畢生最感人肺腑的一場辯護，終於解救那孩子免於死刑了。

這位守寡的母親僅有四十英畝地，便想要全部送給林肯。

「韓娜伯母，」他答道：「多年前我貧困而無家可歸，妳收容了我，供我吃，為我補衣，所以我現在絕不收妳分文。」

有時他勸當事人在庭外和解，也不收他們半文手續費。有一次，他拒絕對某一個人起訴，說道：「我真是替他難受——因為他又窮又是個跛子。」

諸如此類的仁慈和體恤，雖然是優良的品性，都賺不到錢；於是瑪麗就又謾罵吵鬧了。她的丈夫簡直沒出息，因為其他的律師都靠著他們的收入日漸寬裕起來。大衛‧戴維斯便是一例，還有羅根，唔，還有史蒂文生‧道格拉斯，他在芝加哥投資作房地產生意，居然發了一筆大財，並成為一位慈善家，贈送芝加哥大學七畝值錢的地皮，給他們建宿舍呢。此外，他現在已是國內出名的政治領袖了。

瑪麗多麼地懷念他，又多麼熱切地盼望和他結婚啊！作了道格拉斯太太，她就可以成為華盛頓的社交領袖、穿上巴黎時裝、去歐洲旅行，和皇后、伯爵夫人們同席，將來還可以住在白宮呢。就這樣，她總是陷入虛幻的白日夢中。

作為林肯的太太，她的將來是如何呢？他將以現狀終其身：一年中有六個月要出外巡迴，撇下她一人留守家中，對她毫無愛情，又不理會她……這現實的生活，比起當年她在夢黛夫人學校所夢想的，實在大不相同啊！

II

如前所述，在許多方面，林肯夫人是位節省的主婦，而且她頗以計算精明自傲。她購買日常用品非常細心，而且伙食的辦理頗為節省；剩菜殘餚只夠餵貓。林肯家不曾養狗。

她購買香水，一瓶又一瓶，打開瓶塞，試用後又退回去，說那些是劣等貨，又說那些都裝錯了。她屢次這樣致使當地的藥商拒絕再送貨給她，其賬簿如今還留在春田市，用鉛筆寫著──備註：「林肯夫人退回的香水。」

她經常給生意人添麻煩。例如：她老是疑心那位冰商麥爾在欺騙她，給她的份量不夠；於是就同他吵鬧，拉起既尖又響的嗓子辱罵他，同街的鄰居都打開門來看熱鬧。

這已是她第二次的吵鬧，於是冰商就發誓：他寧願讓她熱得如下地獄，也絕不再賣給她一塊冰了。

他說到做到，不再做林肯家的生意。那是很慘的！而鎮上只有他這家冰店；於是，瑪麗也不得不低頭了。但她自己不好意思去，她送兩角五分錢給一個鄰居，請他設法勸慰麥爾再送冰給她。

林肯有個朋友，創辦一份報紙，名為《春田共和報》。他滿街兜攬生意，林肯也訂了一份。當第一份報紙送到門口時，瑪麗大怒。什麼？又是一份沒用的報紙！她辛辛苦苦地省錢，他卻這樣浪費！她又訓又罵，林肯為了安撫她，只得說他不曾叫人送報。這也是真的，他僅說他願付一份錢，他並不曾要他們送報。這是律師的手腕啊！

當晚，瞞著她的丈夫，瑪麗寫了一封不客氣的信，對這份報紙加以批評，進而要求停止送報。因她過份侮慢，所以編輯就在報紙上公開答覆她，並寫信給林肯，詢問究竟。林肯因這事情鬧得滿城風雲，為此氣壞了！他就寫信給編輯，低聲下氣地向他道歉，並解釋事情原委。

有一次，林肯想招待他的繼母到家裏來共度聖誕節，但瑪麗又反對。她討厭那些長輩，也十分瞧不起湯姆・林肯以及哈克斯家的人。她以見他們為恥，為此林肯怕即使他們來了，她真會不許他們進門。廿二年來，林肯的繼母住在離春田市七十哩的地方，他常去看她，可是她卻不曾到過他家。

他親戚中，唯一在他婚後到過他家的，是他遠房的堂妹，哈露・哈克斯，一位性情溫和，頭腦清晰的女子。林肯很喜歡她，當她在春田市就學期間，便邀請她住到他家裏，林肯夫人不但要她做各種家事，還要她做苦工。林肯大為反對，不願見這種不平的事，結果大鬧一場才平息。

她永遠僱不了傭人，她那惡劣脾氣只須爆發一兩次，她們就捲舖蓋走路，如此不知換了多少傭人。女傭都瞧不起她，相互告誡，終於沒人肯再到林肯家幫傭。

她並時常抱怨，還寫信給她的友人，訴說雇用的愛爾蘭人如何無禮，說也奇怪，在她家幫傭的愛爾蘭人確實無禮些。她常說，如果林肯比她先死，她肯定到南方養老。從前在勒星頓時，和她一起長大的親友都無法忍受傭人們的無禮。假使黑奴不聽指揮，便可送到廣場上，那裏有專門懲罰奴僕的場所。陶德家有位鄰居，曾用皮鞭打死六名黑奴。

「老賈克」是當時春田市中一個很出名的人物。他駕著一對驢子，一輛破舊的馬車，為人送貨，頗以「專差送貨」為榮。不幸他的姪女到林肯家當女傭，沒幾天，主僕口角；這位女子脫下她的圍裙，收拾行囊，「碰」地一聲，揚長所去。

那天下午，老賈克駕著驢車，到第八街和傑克遜街口，告訴林肯夫人，他要來拿他姪女的行李。林肯夫人發怒，粗言惡語罵他及他的姪女，並且恐嚇看說，如果他敢走進門就打，老賈克一氣之下，直奔林肯的事務所，定要林肯夫人道歉不可。

林肯心平氣和地聽完他的訴苦，憂鬱地說道：

「我非常抱歉，但我坦白地問你，難道我這十五年來，天天所必須忍受的，你連幾分鐘都無法忍耐嗎？」

結果老賈克對林肯深表同情，他並且抱歉不該來打擾。

有一次，林肯夫人僱用一個女僕，竟然超過兩年之久，鄰居們都嘖嘖稱奇；他們不明瞭其中緣故。理由甚為簡單；林肯私下和她講了條件。她剛來時，他叫她到一邊，坦白地告訴她會有很多不如意，但這是不可避免的事。要她不必理會它。林肯答應她，假使肯忍受這種，他每星期再多付一塊錢給她。

怒罵的事當然免不了；馬麗亞因林肯精神上及金錢上的鼓勵，便一一容忍了。每當林肯夫人對她斥罵一頓後，林肯便找機會溜到廚房裏，趁無人時，拍拍她的肩，鼓勵她說：

「很好！保持妳的勇氣，馬麗亞，不要離開她，不要離開她。」

後來這個女僕結了婚，她的丈夫曾在格蘭特將軍手下作戰。李將軍投降後，馬麗亞趕到華盛頓要求她丈夫脫離軍籍，因為她和小孩貧困無依。林肯看到她非常高興，便坐下來和她談往事。他原想留她吃晚飯，但馬麗亞很客氣的推辭了。於是他

就送她一籃水果以及買衣服的錢，並告訴她第二天再來，他就可以發給她通行證由防衛線穿過。但是她沒有再來訪，因為當晚林肯就遇刺了。

林肯夫人就是這樣，一直愛發脾氣，不斷地刺傷人們或引起人們的厭惡。有時她舉止宛如瘋子。陶德家的人原有一些怪癖，瑪麗父母又是堂親，或許太近的血統更加強了這份性格上的怪癖。好些人——連她的家庭醫生也在內人——總是怕她有早期的精神病。

林肯本著基督的精神忍受這一切，從不和她鬥嘴。但他的朋友則不以為然。赫登責罵她像一隻「野貓」又似一隻「母狼」。

特爾諾·金最崇敬林肯，亦稱瑪麗是「鬼怪、母夜叉」。

約翰·特，在華盛頓當總統的祕書，更叫她一個「不堪入耳」的名字……

春田市美以美教會的牧師，住所離林肯家很近，他和林肯亦是朋友；他的太太說：「林肯的家庭生活非常不快樂，林肯夫人常常拿掃帚將他趕出大門。」

詹姆斯和林肯隔鄰有十六年之久，說林肯夫人身上「附著魔鬼」，她常有幻覺，像個瘋子般，又哭又叫，直到鄰居全部聽見，總是要求鄰居替她看守門戶，說有暴徒要來傷害她。

時間日久，她越鬧越厲害，次數愈多，林肯的朋友都非常同情他。他沒有家庭生活，從不邀請他的朋友到家裏吃飯——就連赫登或戴維斯法官也不請。他實在怕發生意外，他儘可能地避開瑪麗，晚上在律師圖書館和同業律師們閒聊，或者到藥房說笑話給人們聽。

時常有人見他深夜一人漫無目的地步行，在偏僻的街道，頭垂在胸前，憂愁悲傷。有時他說：「我不願回家。」了解他處境的朋友，就帶他回家過一夜。

沒有人能比赫登更清楚林肯的家庭悲劇，他在林肯傳記第三卷中提到——

> 林肯先生未曾有推心置腹的朋友，所以從不向人傾訴。他從未向我提起他的苦楚；就我所知，更從不向別人提起。那的確是個重擔，他只是悲哀地擔負著，從無怨言。他無需開口，我也曉得他是否在發愁。他不是一個真正早起的人，平時九點之前不會到事務所。我通常比他早到一小時。但有時他七點就到了——有一次記得天未亮前他就來了。每當我來到事務所見他比我早到，立刻知道他家庭生活又起波瀾了。他不是躺在床榻上，兩腿朝天，便是屈身倒在椅子上，把兩腿擱在窗欄上。我進來時他也不抬頭看我一下，只勉強回答一聲：「早安！」我立即忙著寫東西，或翻閱文件；但是眼見他那份憂鬱的神態，連我也感到坐立不安，便推說要上法庭或去什麼地方，設法離開事務所。

事務所那扇通狹窄走廊的門，上面是玻璃的，玻璃外裝著窗簾，用銅圈穿在鐵絲上。當我出來時，一定將窗簾拉上，但我還未走到樓下，就能夠聽見鎖門聲，林肯就孤獨而憂鬱地留在事務所了。我就在法庭的書記室胡亂混一小時，又到鄰近小店消磨一小時，再回到事務所。那時候或許已有顧客來，林肯正在大發議論，或許憂鬱的氣氛已消失，正在背誦一段印地安人的故事，藉以消愁。中午我回家吃飯，一小時之內回來時，我發現他仍然待在事務所——雖然他家很近——但他寧願吃些乳酪或餅乾充飢，顯然這是趁我不在時出去買的。到下午五、六點，我們下班分手時，還是我先走，他仍然留在事務所；或是坐在樓梯口的一個箱子上面，向一些路人說說笑話，或是走到法庭臺階前找人談天。夜深了，事務所裏若還點著燈，就表示他還在。直到人們都已安然入睡，這位高個子的未來總統，才在房屋和樹木的黑影下，慢慢地踱回家，靜悄悄地溜回一棟中等的住宅，這便是他的家。

也許有人認為我形容過度。如果那樣，我只能說，他們不知情。

有一次林肯夫人實在鬧得太不像話了，連這位「永無惡意，慈愛待人」的林肯都給惹火了，就抓住她的臂膀，拉她走過廚房推到門口，怒道：「妳毀了我一輩子！我的家被妳變成地獄！現在，我詛咒妳，妳滾出去吧！」

12

假如林肯娶安妮為妻，他的家庭生活一定會非常快樂，但絕不會做總統。他的思想和動作都較別人慢，安妮也不會逼他在政治上出人頭地。但是瑪麗對「進入白宮」的決心著了迷，和林肯結婚後不久，立刻要他代表自由黨競選國會議員。

那是一場激烈選戰，說起來令人難以相信，林肯的政敵因他不屬於任何教會，竟罵他無神主義者，因他和陶德及愛德華等大家族聯婚，就痛斥他為有錢有勢的階級工具。這些控訴雖是無稽之談，林肯明白這會妨礙他的政治前途。所以他回覆他的批評者：「自我來到春田市，只有一位親戚曾經來看過我，況且這位親戚，還未離城以前，就已被控偷竊一個猶太人的豎琴呢。假如這事證明我是一個既驕傲又高貴的家族，那麼我就認罪。」

正式選舉時，林肯落選了，這是他在政治生涯中第一次遭受到的挫折。

兩年後他再競選，意外當選了。瑪麗簡直欣喜若狂，認為這是他政治生涯的新

開始，她立刻訂製一套全新的晚禮服，又忙著溫習法文。當她的丈夫一到首都，她寫信時就改稱他為「敬愛的林肯大人」，然而他立刻制止了她。

她一心只想移居華盛頓，以便進人她渴望已久的社交圈，好讓她從此享盡榮華富貴。但當她來到東部時，卻發現根本就不是那回事。林肯窮困不堪，在未領薪水之前，不得不向道格拉斯借錢來應付開支；因此林肯夫婦暫時在綠葉街的施布雷太太的公寓裏寄住。施布雷太太房屋前方的街道不曾舖平，人行道滿是飛沙和細石，房間簡陋淒涼，更沒有自來水設備。在後院有一間小屋，一間鵝舍和一塊菜圃，鄰居的豬常來偷吃蔬菜，施家的小孩必須經常拿棍子趕豬。

當時在華盛頓城裏沒有負責掃除垃圾的人；因此施布雷太太就把垃圾堆在房子後面，任憑路過的牛豬鵝隨意取食。

林肯夫人雖然接近了華盛頓的高等社交場所，她卻無法進去。只得孤單地坐在冷清的臥室中，守著那群寵壞了的孩子，並常感到頭痛，仍無人理會——只聽得施家的孩子，叫喊著把豬趕出白菜圃。

這些雖然不順心，卻不知以後還有更令人沮喪的政治失敗。林肯當選國會議員時，美國早已和墨西哥交戰二十個月了——這是一場不體面的侵略戰爭，全是國會中那些主張蓄奴者鬧出來的，為的是要多得些蓄奴的地區，可以多拉攏一些贊同蓄奴制度的議員。

在這次戰爭中，美國佔了兩件便宜。德克薩斯州原是屬於墨西哥的，後來脫離了，於是美國強迫墨西哥放棄在德克薩斯州的一切權益；其次，美國要墨西哥割讓一半土地給美國，劃分為新墨西哥州、亞利桑那州、內華達州及加利福尼亞州。

格蘭特將軍認為那是有史以來最可恥的戰爭，他永遠不能原諒自己，因為他亦曾經參戰。許多美國士兵都叛變投降敵軍；在聖大阿納有一營非常擅戰的軍隊，全是美國投降的軍人所組成的。

林肯在國會裏發表演說，以前自由黨黨員也曾發表過這一類的演說，他抨擊總統發動了「一場搶掠謀殺，一場不義的打劫戰爭。」又稱上帝竟然「忘記保護弱小無辜者，而允許這些強悍的殺人者和地獄來的魔鬼，殺戮男女老幼，使正直人的土地荒蕪而遭到浩劫。」

首都對於這一類批評毫不介意，因為林肯還是無名之士。但是在春田市卻大起風波。伊利諾州曾派出六千人參戰，他們認為是為了自由的神聖使命而戰的；而今他們所選出的代表卻在國會中，罵他們的士兵是地獄來的魔鬼，又控告他們謀殺。

一怒之下，這些激動的黨員們就召集公開的會議，罵林肯「卑鄙」……「怯懦」……「叛變的游擊隊」……「貝納狄克特・安諾德第二」（編按・美國最早期的叛國者）。

在一次開會中，大家決議，聲稱他們從來沒有遭受過「如此嚴重的恥辱……如此不名譽的毀謗與醜化，加於勇敢的人民和偉大的犧牲者身上，實在令每一個真正的伊利諾州人民憤怒不已。」

那憤怒的情緒是如此激烈，竟醞釀了二十餘年；十三年後，當林肯被提名競選總統時，這些非難辱罵又再度加在他的頭上了。

「我在實行政治自殺！」林肯曾向他的律師同業提起過。

如今他不敢回家，害怕面對那些怨恨的投票者；於是他希望在華盛頓找份職業，便開始連絡地政局的局長，都未成功。然後他又嘗試要當奧勒岡邊境的州長，希望利用這一州加入聯邦時，他可以被選為國會議員；卻又失敗了。

於是，他重返春田市，再回去他那骯髒的律師辦事處。再駕著東倒西歪的馬車，騎著老白，奔走於第八審判區——全伊利諾州最為淒慘落魄的人。

他決心就此放棄政治生涯，專心從事於律師業務。他自知做事不夠精幹，又欠缺理智上的統制力；於是為了要訓練自己的理解和邏輯思考力，他便買了一本幾何學，駕著馬車上路時隨身帶著。

赫登在其傳記裡寫道：

在鄉村的旅館中，我們通常共睡一張床。林肯時常因床鋪太短，不得不將腳擱在床腳板上，露出一截脛骨。他總是在床頭邊的椅子上點一支蠟燭，專心地看書，有時看到深夜兩點。那時，我和其他同事都早已入睡了。上路時，他帶著幾何學，仔細研究，直到他能清楚地證明書裏的一切定理。

讀熟了幾何學以後，他又研讀代數、天文學，然後準備一篇演說稿，標題是「語言的來源和發展」。他最感興趣的還是莎士比亞。傑克‧凱爾遜當年在新沙連時給予他的深刻影響，一直未變。

從這段時期至他逝世為止，亞伯拉罕‧林肯最顯著的個性是極深刻的悲哀，簡直非筆墨所能形容。

當韋克正幫助赫登撰寫那部林肯傳記時，他覺得關於林肯憂鬱個性的報導是言過其實。於是他親自訪問林肯最接近的朋友如——司得特‧惠特尼、馬賽尼、施畢特及戴維斯法官，向他們提出這一點來討論。

最後韋克才確信：「不曾見過林肯的人，是無法了解他那種憂鬱的個性。」赫登不但同意這句話，還說道：「如果說二十年來林肯有過一天快樂的日子，我是未

曾看見。憂鬱的形象是他最明顯的特色。當他走路的時候，憂傷似乎從他身上滴了下來。」

當他於巡迴路上時，常和三、兩位律師同住一屋。一早他們就被他吵醒了，只見他孤寂地坐在床邊口裡唸唸有詞，都語無倫次。起床後，他總會升起壁爐的火，呆坐幾個小時，雙眼凝視著火焰。時常，他就背誦著：「噫彼死神，何驕之有？」

他常於街上行走時，因思緒陷人絕望中，竟不理會街上遇見他或和他說話的人。有時他和人握手，都不知道自己在做什麼。

最崇拜林肯的白約翰・伯爾斯說道：「到布明頓上法庭時，林肯總在某一個時間，無論是在法庭、事務所或街上，談笑風生之際；突然間，都又陷人了深思中，沒有人敢去驚動他……他總是坐在椅子上，背斜靠著牆，雙腳擱在踏腳板上……腿蹺曲著，膝與下頷平齊，帽子向前覆，雙手托著膝蓋，眼神流露出無限悲愁，簡直構成一幅失望與憂鬱的畫面。我看他如此呆坐了好幾個小時，即使有最熟識的朋友來打擾，他也毫不予理睬。」

柏衛基參議員，對林肯的一生最有研究，也曾下過結論說：「從一八四九年到逝世為止，林肯生活中最顯著的特質便是一種深沉的悲愁，其程度非一般人所能理解或估計的。」

然而，林肯那取之不盡用之不竭的幽默，那說故事的過人才華，正與他憂鬱的個性，形成不可分離而強烈的對比。

有時連戴維斯法官也會在法庭中停留一下，聽聽他那風趣的幽默故事。

「群眾都團團圍住他，有時二、三百人圍住他。」赫登說：「群眾們聽他說故事，無論是贊同或持反對意見的，個個都捧腹大笑。」

一個見證人說，當林肯說到故事的精采處時，聽眾竟大笑得由椅子上滾下來。

熟知林肯的人們都說，他那「無盡的憂傷」有兩個原因——

政治的失敗和不幸的婚姻。

灰暗的歲月，一年一年的度過，轉眼六年，林肯似乎注定永遠不會再有政治發展——但由於一次重大事件，卻扭轉了林肯的命運，使他走進了白宮。

這件事的發起和煽動者，就是林肯夫人的舊情人——史蒂文生・道格拉斯。

13

一八五四年，林肯遭遇到一件大事，那是源自廢止「密蘇里妥協」而引起的。所謂「密蘇里妥協」，大致情形如下：一八一九年密蘇里想以蓄奴州的名義加入聯邦，北方堅持反對，情勢愈趨緊張。最後由政府幾位有才幹的官員研擬出所謂「密蘇里妥協」，南方如願以償，密蘇里加人聯邦成為蓄奴州；北方也達成了目的，美國西部各州，凡是位居於密蘇里南部邊界以北的，都不屬於蓄奴州。

人們以為蓄奴的爭執，就此可告結束了——暫時確是結束了。如今，三十餘年後，史蒂文生・道格拉斯卻廢除這項妥協，致使密西西比河以西，大小與原來十三州相仿的新區域，永遠受蓄奴之害。

他在國會裡長期抗爭要求廢止妥協，爭執了好幾個月。有一次，在眾議院鬧得最兇時，議員們竟跳上桌子拔槍舉刀相對峙，終於在一八五四年三月四日，道格拉斯動人的演說由半夜進行到天亮，最後議案得以通過，這是件驚天動地的大事。信差奔走於華盛頓酣睡中的城市街道上，高呼傳遞這件新聞。海軍船塢鳴砲慶祝這個新時代的來臨——會是一個將來血流遍地的新時代。

道格拉斯為什麼要這樣做呢？誰也不知道，至今歷史家們還在爭論這件事情，然而有一點我們能肯定的：道格拉斯希望於一八六三年當選總統，他曉得廢除妥協能拉攏南方。至於北方呢？

「老天！我知道那邊會大起風波的。」——他如此說過。

他說的不錯，果然，那邊掀起一陣大風波，不但將兩大政黨打得粉碎，最後還令全國陷入內戰的漩渦裏。

上百的城市鄉鎮都同時開會表示抗議和憤怒。道格拉斯被斥為「叛徒安諾德」，人們都說他是因貝納狄克特・安諾德（編按・美國早期的叛國者）而得名，又稱他為「現代的猶大」，送給他三十塊銀幣（編按・猶大出賣耶穌所得的酬報），更有人送給他繩子，要他上吊。

教會亦大發雷霆，新英格蘭的三千零五十位牧師，「用上帝的名義，並在上帝面前！」寫了一份抗議書送交參議院，激烈而憤怒的社論更加引起群眾的氣憤，在芝加哥甚至民主黨的報紙也對道格拉斯嚴加指責。

國會在八月休會，道格拉斯動身返家。他所目擊的情形令他大感驚詫，事後他

說從波士頓到伊利諾州，單是點燃著吊死他的肖像，沿途就大可不必再點路燈了。

他膽大而不服氣，宣稱他將在芝加哥演說。在他自己的家鄉，鄉人對他的憤恨變得更加狂烈。報紙抨擊他，激憤的牧師要求，不容許他用「不義的氣息來玷污伊利諾州的純潔空氣。」人們衝進五金店裏去，到黃昏時，全城的手槍都賣完了。他的仇敵誓不容他活著為他無恥的行為辯白。

道格拉斯一走進城裏，港裏的船隻立刻全部降半旗，哀悼「自由」之死。

他演說的那一晚是芝加哥空前炎熱的一夜，男人們懶洋洋地坐在椅子上，臉上還滾著汗珠。女人們掙扎著要到湖邊去，想在清涼的沙灘上睡一覺，卻昏倒了。街上拖車的馬，也有仆倒在地死去的。

儘管天氣炎熱，成千上萬興奮的男人們，口袋裏放著槍，成群結隊地去聽道格拉斯演說。在芝加哥沒有任何一間禮堂可容納這麼多人，於是他們擁擠在公共廣場上，許多人更爬上附近的屋頂，或站在陽台上。

道格拉斯一開口，群眾就發出怪聲和噓聲。他繼續地說——不，他繼續試著講——但群眾大聲喧嘩，唱出侮辱他的歌曲，更罵他一些不堪人耳的話。

他的同黨忍受不住，想大打一場，道格拉斯卻要求他們鎮靜。他自認有辦法安撫這些群眾，但他屢試屢敗。當他指責「芝加哥論壇報」時，群眾都替那報紙高聲喝采。他威脅著說，他們若不讓他演講完，他就要整夜站在那邊，而八千群眾都齊唱：「不到早晨我們不回家，不到早晨我們不回家。」

那個星期日早上，終於在飽受四小時侮辱而一無所成之後，道格拉斯取出懷錶來看，向著那些咆哮著，吼叫著又磨拳擦掌的群眾嚷道：「現在已是星期日早晨，我要上禮拜堂去了。你們請下地獄去吧！」他筋疲力竭，終於認輸，離開了講台。這次是這位「小巨人」有生以來，初次受到最大的恥辱和失敗。

第二天早上，各報章都報導了這段消息，在春田市，卻有一位驕傲、肥胖而近中年的黃髮女人，讀到這段消息而特別高興。十五年前，她曾經夢想著要做道格拉斯夫人。歷年來，她眼看著他飛黃騰達，一直到他成為全國最有名氣最有勢力的政治領袖，然而她的丈夫卻一敗塗地；在她內心深處，實在恨透了他！

如今，感謝上帝，這傲慢的道格拉斯垮台了。他在自己本州內把自己的政黨分裂了，而且正好在選舉之前，林肯的機會就來了。瑪麗看得清清楚楚——這是他挽回一八四八年所失去的群眾歡心的大好機會，在政府方面復職的機會！固然，道格拉斯還有四年任期才屆滿，但是他的同事在幾個月內就要再度出來競選。

他的同事又是誰呢？一個傲慢而好爭的愛爾蘭人，名叫雪爾德。瑪麗和雪爾德

亦有舊隙。早在一八四二年，因為他寫了一封侮辱的信，雪爾德要求和林肯決鬥；於是兩人各帶了長劍，由副手陪行，在密西西比河的一方沙洲上，準備拚個你死我活。但到了最後一刻，經朋友們的調解，總算免於流血。那時起，雪爾德的政治事業蒸蒸日上，但林肯部落敗下來。

林肯一敗塗地後，又漸漸恢復了。據他說，「密蘇里妥協」的廢除「喚醒」了他，他不再保持緘默了，他已決心要以他整個心靈的毅力和信心來迎頭痛擊。於是，他就開始準備演說辭，在州立圖書館一連用功好幾週，參考史實、收集資料、分類、研判，並研讀當時參議院為通過該議案，參議員所發表的激烈爭辯的內容。

十月三日，全州集會在春田市開幕。成千上萬的市民們蜂擁前來，男人們帶著他們最得意的豬馬牛或最好的玉蜀黍；女人們捧著她們自製的果醬、鬆餅和蜜餞。但是這些個展覽，都因另一件引人注目的事件而被遺忘。幾週以來到處公布著，道格拉斯要在集會開幕的當天演講，而國內各地政治領袖都將齊聚此地聽講。

當天下午他演講了三個鐘頭，把自己的記錄詳加說明，為自己辯護並且攻擊別人。他矢口否認「立法制定某些地域可以蓄奴，某些地域不可以蓄奴」等事，認為應該由各地的群眾來決定這個問題。

「當然，」他喊到：「如果堪薩斯和內布拉斯加的人民有辦法自治，他們也必定能管制少數的黑奴。」

林肯坐在前排，詳細聽取每個字，並斟酌每一個議論，道格拉斯講完時，林肯立即宣布：「我明天要剝了他的皮掛在籬笆上！」

翌晨，全鎮到處散發傳單，宣稱林肯將答辯。群眾興趣極為濃厚，兩點鐘之前，講堂裏已坐滿了人。不一會兒，道格拉斯來了，坐在台上。他照例是衣冠整齊，修飾雅潔。

瑪麗也早已在坐。那天早晨未出門之前，她很賣力地刷洗林肯的外衣，替他取了一件潔白的硬領，又替他把新領帶燙平。她期望他的儀表對他有利。但那天天氣很熱，林肯知道講堂裏空氣一定很悶。於是他大步上台，未穿西裝、未套背心、未帶硬領又未打領結。長而瘦的頸子在襯衫中聳立，襯衫則鬆鬆地罩著他那瘦削的身材。頭髮凌亂、皮鞋粗陋、一條吊帶繫住短而不合身的褲子。

瑪麗一看到他，滿臉脹紅，又氣又窘，失望之餘，她真想大哭一場。

當時沒有人會想到，但現在我們已知道，這位風采不揚而且為其妻子所詬病的人，在那十月炎熱的下午，已開創了他輝煌事業的生機，且將使他在未來的歷史上名垂千古……

那天下午，他發表了一次有生以來最偉大的演說。如果把他從前的演說收集成冊，又將那天下午以後他所有的演說再集結成冊，你幾乎不能相信二者竟是出自於一人之手。那竟是一位嶄新的林肯在講話——為了受壓迫的種族而請命的林肯，更是被道義的偉大感召而一心向上的林肯！

他將蓄奴的歷史簡單陳敘一番，並舉出五點激昂憤慨的理由反對這種制度。他以超然的容忍態度宣布：

「當南方人民向我們聲明，奴隸制度的存在是不該他們負責的，我也承認這個事實。若說這制度還存在，他們實在不知該如何去廢除它，我能夠明瞭也贊同這種說法，我絕不因為他們不做一件甚至我本身都不知如何去做的事，而對他們加以責難。即使我有這種權力，我還是不知道該如何處理這現存的制度呢！」

經歷了三個多小時，他的臉上汗流如雨，他仍究繼續答覆道格拉斯，不但暴露這位參議員的詭辯，同時又揭穿了其虛偽的立場。

那是一場極其深刻的演說，使人留下深刻的印象，道格拉斯為之坐立不安，不時地站起來，打斷林肯的話題。

距離選舉為期不遠，年輕的民主黨員，已經開始反對黨中提名的候選人，並攻擊道格拉斯，當伊利諾州的選民正式投票時，道格拉斯的民主黨竟被打倒了。

當年的參議員是由州議會選出來的，一八五五年二月八日伊利諾州議會，專為選舉議員而在春田市開會。林肯夫人為了這件大事添置一套新的衣帽，而她的姐姐莉莉・愛德華夫人已在當晚準備了一席盛宴，慶賀慶賀林肯參議員呢！

第一次開票，林肯票數最多，只差六票即可獲選。可是此後幾次他一蹶不振，第十次開票時，他完全失敗，李曼・杜倫巴爾當選。

李曼・杜倫巴爾的太太是茱利亞，曾於瑪麗・林肯的婚禮上做女儐相，是林肯夫人最親密的女友。那天下午瑪麗和茱利亞兩人同坐在眾議會的陽台上，等待選舉的結果；然而茱利亞的丈夫被宣布當選時，林肯夫人就一怒而去，深恨又極嫉妒，就從那天起，再也不和茱利亞說話了。

垂頭喪氣的林肯，只得重返那破舊的律師事務所，牆上依舊有著墨水印，種子也在書架上的塵埃裏發芽。

一星期後，他又駕著馬車，馳過一望無人的草原，由這一法庭趕到另一法庭。但他的心再也不嚮往法律了，除了政治和奴隸制度外，他不願再談別的事。他說，

想起有幾百萬人淪為奴隸，就令他心痛。於是他憂鬱症又時常陣陣發作，比以前更久更嚴重了。

有一個晚上，他和另一位律師在一家鄉間旅館共榻。他的同伴在黎明醒來，發現林肯穿著睡衣坐在床沿沉思著，悶悶不樂、心不在焉地發呆。等他開口時，第一句話便是：「我告訴你，一個國家無法長久容忍一半自由，一半奴隸的狀態。」

不久後，春田市有位黑人婦女來對林肯訴說一件慘事。她的兒子到聖路易去，在密西西比河的汽船上做事，當他到新奧爾良時卻被捕下獄。他出生時原是自由人身分，但沒證件，於是他一直被囚在監獄裡。現在他將被賣，淪為奴隸，以便付出監獄中的費用。

林肯向伊利諾州州長提出這件案子。州長答覆，他無權干涉這件事，路易斯安那州的州長在覆信給他時，也說他無能為力，於是林肯就再去見伊利諾州的州長，促請他採取行動，州長卻搖頭。

林肯用極重的語氣嚷道：「上帝為證，州長，您或許在法律上無權力釋放這個可憐的男子，可是我決意要使那些蓄奴的人，無法在這個國家的領土上立足。」

翌年，林肯已四十六歲，他私下曾對朋友惠特尼表示，他「似乎需要」眼鏡了；於是他在一家眼鏡店，買了他生平第一副眼鏡——花了三角七分半錢。

14

現在已是一八五八年的夏天，我們即將看亞伯拉罕・林肯畢生初次大顯身手。看著他從沒沒無聞的人，挺身奮起，參加美國有史以來最著名的一次政治鬥爭。

如今他已四十九歲了——多年奮鬥他到底有了什麼成就呢？

在事業上，他一直失敗，絕無成就可言。

做律師方面，他還算勝利成功，一年還有三千元收入，但在政治上及他心中最珍貴的抱負來講，都嘗盡挫折和失敗。

「我啊！」他自己也承認過：「在雄心大志、事業競爭上算是失敗了，徹底的失敗了。」

但從此事情的演變急轉而下，再過七年後他就去世了，然而在這七年中，他建立了一番令他「名垂千古」的事業。

這場競爭的對手，便是史蒂文生・道格拉斯。他現在是群眾的偶像，舉世聞名。自從「密蘇里妥協」廢除後，轉眼四年，道格拉斯以其驚人的速度恢復了聲望，因為他經過了一場壯觀而戲劇化的政治鬥爭。其經過約略如下——

堪薩斯州來叩聯邦的門，想以蓄奴州的身分加入。道格拉斯說：「不行！」因為訂憲法的州議會不是真的州議會，其議員是靠著詭計和槍桿被選出的。堪薩斯州的居民——有投票權的人——有一半都未曾登記過，因此不能投票。然而有五千個擁護奴隸制度的居民，也是在密蘇里西部絕對無權在堪薩斯州投票的民主黨黨員，到美國的一家兵工廠，準備武器，在選舉日，居然搖旗吶喊，又有樂隊吹奏，進入堪薩斯州——投票贊成奴隸制度。那簡直是開玩笑，是對正義的一種諷刺。

那些禁奴州的人又怎麼辦呢？他們立即準備行動。長槍擦亮、短槍加油，樹身、倉門鑰匙孔，隨時隨地練習射擊和瞄準。他們時常行軍、操練和飲酒、挖掘壕溝、築起城牆，並且把旅館改為碉堡。如果他們不能用投票來維持正義，就用槍彈來贏取啊！

在北方的每個市鎮和鄉村裏，職業演說家向市民們高聲疾呼，脫下帽子，募捐為堪薩斯州購買武器。亨利・華特・畢其爾，就在布魯克林區的教堂講壇上頓足呼籲，認為槍桿較聖經更能拯救堪薩斯州。從此，沙普斯牌步槍就被稱為「畢奇爾的聖經」。由東部運來時，箱子或木桶上的籤條就寫著「聖經」、「陶器」或「修正的法令」。

已有五個禁奴州的居民被謀殺之後，有一個年老的牧羊者，篤信宗教，以種植葡萄和釀酒為副業，他在堪薩斯州的平原上挺身而出，並宣稱：「我沒有別的選擇，上帝的旨意，要我給這些擁護奴隸制度的人們一點顏色看。」

他的名字是約翰・布朗，住在奧沙華托密。

五月的一天晚上他翻開聖經，對家人宣讀大衛王的詩篇，全家跪下禱告，唱幾首讚美詩後，他和四個兒子以及一個女婿就騎著馬，馳過大平原，來到一家贊成蓄奴的人的木屋裡，把那個人和他的兩個兒子從床上拖下來，砍掉他們的手臂，又用一把斧頭把他們的腦袋劈開。天明之前下了一陣雨，雨水將一些腦髓沖了出來。

從此，南北兩方互相殘殺槍擊，「流血的堪薩斯」就成為歷史上的名詞。

道格拉斯當然知道，在欺詐和叛逆的氣氛中，由一個偽造的州議會所擬訂的法律，是不值一顧的。於是道格拉斯就要求，堪薩斯的人民必須舉行一次誠實而和平的投票，以便決定該州應以蓄奴州或禁奴州的身分加入聯邦。

他的要求完全是合理而公平的，但是當時的美國總統詹姆斯・布坎南，和華盛頓那些傲慢而擁護蓄奴的政治家，卻不容許這一類的舉動。

為此，布坎南和道格拉斯鬧翻了。

總統威脅要使道格拉斯在政治上翻個斛斗，而道格拉斯也反唇相譏地辯駁：「老天在上，先生，是我一手造就了詹姆斯・布坎南的；然而，我也能一手毀掉他。」道格拉斯說這句話，不只是威脅，真的說到做到。在那一時期，奴隸制度在政治方面的勢力和氣燄已達到極點。從此以後，其勢力部急速地走下坡。

緊接著那場鬥爭是結束的開始，因為在這政治戰中，道格拉斯使自己的政黨分裂了，成為一八六〇年民主黨不幸事件的先聲，也造成林肯的當選不但是可能的，亦是不可避免的了。

道格拉斯用他未來的生涯，孤注一擲在這場鬥爭上，他自己以及北方全體人民深信，這場鬥爭是為了一個偉大的主義而非自私的。因此伊利諾州愛戴他，如今他再返回本州，已是全國最受敬愛、最被崇拜的人了。

以前，在一八五四年他進城時，芝加哥曾經嘲罵他，降半旗打喪鐘——如今，依舊是芝加哥，卻派了一部專車，載著樂隊和招待委員會去護衛他返家，當他進城時，迪爾朋公園鳴炮一百五十響表示歡迎，男人們個個搶著要和他握手，婦女們把花扔在他腳前。人們給第一個孩子命名時，選用他的名字以作紀念。如果說那些最崇拜他的人，願為他上斷頭台，也不算言過其實。

他死後四十年，人們還得意地說，他們是「道格拉斯的民主黨」。

道格拉斯榮歸芝加哥之後的幾個月，伊利諾州人又計畫要選舉參議員了，當然民主黨一定提名道格拉斯。那共和黨要推舉誰和他競選呢？是一個名不見經傳的人——林肯。

在以後競選活動中，林肯和道格拉斯一連串的激烈辯論，這些辯論竟使林肯出了名。他們爭論的主題充滿了火藥味，群眾興奮的程度近乎狂熱。美國有史以來從未有過這麼多聽眾踴躍聽講，任何場所也容納不了這麼多人，所以辯論會總安排在下午；在叢林裏或草原上，記者跟著他們跑，報紙競相刊載這些轟動一時的爭辯，不久全國都成了他們的聽眾。

這些辯論等於是為他作宣傳，為他舖好了路徑。

在辯論會開始的幾個月前，林肯已在準備；每逢思想、意見或詞句略略形成，他就寫在零碎的小紙上——信封的背後、報紙的邊緣、或紙袋上。他將這些東西存放於他的絲質高帽子裏，隨身帶著。最後他把那些句子抄寫在紙上，每寫一句就高聲朗誦，不斷修飾重寫，精益求精。

第一次演講的稿子擬好以後，他邀請幾位熟識的朋友，晚上在州圖書館聚集。他當場鎖上門，唸著他的演講詞，每次唸完一段，就停頓一下，請大家指教批評。

這篇稿子裏有一些預言的字句，至今仍成為至理名言——

「內部分裂而敵對的家庭，必不能持久。」

「我相信政府不能長久容忍一半蓄奴，一半自由的狀態。」

「我不希望聯邦土崩瓦解——我不希望家庭毀滅——我的確希望它停止分裂。」

「全國應該完全一致——蓄奴或自由。」

唸完後，他的朋友們為之驚駭。全文太激烈了，他們說：「那是一篇傻話。」這樣會使投票者起反感。

最後，林肯慢慢站起來，將他對本論題所顯露的強烈意識向他們加以說明，並在會議結束時宣稱道：「內部分裂而敵對的家庭，必不能持久。」這番話是人生一切經驗的真理。

「六千年來，這一直是真理。」林肯說道：「我用人人皆知的辭藻，以簡潔的文字表白，來喚醒人們對時代危機的警覺性。現在已到了該發表這真理的時機，我決意不改變、也不修改我的主張。若必要，我願意與它同歸於盡。如果命中注定我將因這篇演說而失敗，那麼就讓我為真理而失敗吧！讓我因擁護正義和公理而死去吧！」

第一次辯論會是在八月二十一日，在芝加哥七十五哩外的渥太華的一個小鎮上舉行。群眾在前一晚即已趕來。不久，旅館、民房或馬廄完全客滿；而在山谷一哩上下，山麓、崖邊營火輝煌，致使該鎮像是被一支軍隊圍住一般。

天未亮，又來了另一批人馬；等旭日升上伊利諾的大草原時，只見各條鄉村小路上，擁擠著輕馬車和運貨馬車、徒步者以及騎馬的男女。天氣熱，幾週以來一直鬧乾旱，沙土飛揚，並飄入玉蜀黍田和草原中。

到中午，從芝加哥來了一部拖有十七節車廂的專車；座位爆滿，通道擁擠，而心急的乘客們竟爬上車頂。四十哩以內的市鎮，都有樂隊同行。打鼓、吹號，加上民兵隊遊行步伐聲。江湖郎中表演蛇戲，順便販賣他們的止痛藥。魔術家和漫畫家在酒店門前獻技。乞丐或妓女加緊拉客買賣。鞭炮聲，把馬匹嚇得亂跑。

在幾個鎮裏，這聲勢赫赫的道格拉斯，駕著六匹白馬的豪華馬車越街而過。一陣歡呼，喝采聲不絕於耳。

林肯的支持者，為表示輕視這種鋪張和誇飾。用一對白騾子，拖著一個老朽的飼草架，請他們的候選人坐上去駛過街道。後面還有一個飼草架，坐滿了三十二個女郎，每個女郎身上帶著一個州名，上面掛著極大的口號：

帝國之星，
移向西來。
女子擁護林肯，
猶如母親擁護克雷。

演說者、委員們，及記者在密密麻麻的人群中擠了半個小時，才站上了講台。台上有個木板搭成的棚子，來遮蔽酷熱的太陽。二十幾個人爬上木棚，把它壓垮了；木板紛紛掉落在道格拉斯的委員們身上。

兩位演說者，凡事都截然有別。

道格拉斯身長五呎四吋；林肯則六呎四吋。

那高個子的聲音尖銳低微，那矮個子的聲音沉著響亮。

道格拉斯是溫文爾雅；林肯是粗劣笨拙。

道格拉斯有一種使群眾崇拜，令人心悅的風度。

林肯那多皺紋的黃色面孔上充滿著憂鬱，他的外表無一動人之處。

道格拉斯穿著恰如一個富有的南方地主，穿的是帶縐邊的襯衫，深藍色的上衣，白褲子，戴著白色的寬邊帽；林肯的外表卻是醜陋怪異；他那粗陋的黑上衣的袖子已嫌太短，不成形的褲子也太短，絲質的高帽已破舊齷齪。

道格拉斯絲毫沒有幽默感，但林肯恰好是擅長講故事的人。

道格拉斯到處重複背誦那一篇演講詞。但林肯不斷地仔細考慮他的題材，到後無他每次演說一篇新講詞，還比背一篇舊講詞來得容易。

道格拉斯愛好虛榮、喜歡誇耀。他坐的專車，掛滿了旗幟。在火車後部更加掛一節裝有一座銅砲的篷車。當接近市鎮時，不時地鳴砲，好讓當地人知道，有一位名人快到了。

林肯卻深切痛恨這些他所謂「熱鬧馬車和煙火」之類的東西，旅行時搭乘普通客運或貨車，提著一個破舊的行李袋，和一把傘柄已失落的綠布雨傘。

道格拉斯是個機會主義者，用林肯的話來說，他是個「沒有堅定的政治道德觀念」，得勝——那就是他的目的。但林肯卻在為偉大的主義而奮鬥，只要正義和慈愛能勝利，個人的得失他並不在意。

「人家說我有野心。」他說道：「上帝知道我最初就虔誠地祈禱過，希望這種野心的戰爭不要為我而開。對於政治上的榮譽我並非毫不關心；但是今天，如果『密蘇里妥協』再次生效，整個蓄奴問題恢復從前『容忍』的立場。那麼，我對於其蔓延必定視之如仇，絕不讓步！只要道格拉斯與我都健在，原則上，我同意讓他

永遠在朝，而我永遠在野。」

「到底是道格拉斯或我會當選美國聯邦參議員，這事關係小之又小；但是，今天我們在對諸位所爭論的問題，其重要性遠勝於任何人的利益或政治命運。當道格拉斯和我木訥無能的口舌，永久進人墳墓靜默後，那個爭論依然存在，甚至仍能激起憤怒。」

在這些辯論中，道格拉斯主張，任何一州隨時隨地只要多數公民投票贊成，就有權蓄奴。不管他們投票贊成或反對，他著名的口號是：「各州自理州中事，休管他州興與衰。」

林肯完全站在相反的立場。「道格拉斯法官認為蓄奴是合理的。」他解釋道：「我認為那是錯誤的，整個爭辯都在於這一點。」

「他主張任何一州，只要願意蓄奴就有權利這麼做。假使這不是一件錯事，他們大可以這樣做，但如果這是一件錯事，他無法說人民有權利做錯事呀！

「他絲毫不關心一州應當要蓄奴或自由，恰如他不關心他的鄰居是在農莊上種植菸草，或是蓄養有角的牲口一樣。而且大多數的人民和道格拉斯的意見相左：他們認為蓄奴制度是不道德的。」

道格拉斯奔走全州，頻頻宣傳說，林肯贊成黑奴應有社交平等的權益。

「不，」林肯反駁道：「我只替黑奴呼籲一件事，如果你不喜歡他，你就任憑他去。如果上帝只給他一點點權利，就讓他去享受那一點點權利吧。在好多方面他實在不及我；但享受『生命，自由及追求快樂』的權利，把自己雙手勞碌所賺來的麵包放進自己口裡的權利，他和我平等，也和道格拉斯法官平等，更和活著的每一個人平等。」

在每次爭辯，道格拉斯總是責難林肯，說他要白人「摟著黑人和他們結婚。」每次，林肯不得不加以否認：「我反對這種二者選一的理論：我若說不要黑人為奴，便要娶她為妻子。我已活到五十歲了，從不曾以黑人為奴，更沒有娶黑人為妻。有足夠的白人男子來娶所有的白人女子；也有足夠的黑人男子來娶所有黑人女子；上帝在上，就讓他們如此嫁娶吧。」

道格拉斯儘想規避或混淆那些論點，林肯說他的辯論如同「一隻餓死的鴿子的陰影所煮成的湯」，他用似是而非及怪誕的字句來安排，來證明七葉樹果（Horse-chestnut）為栗子色的馬（Chestnut Horse）。

「我不由得感到愚蠢可笑！」林肯繼續說：「因為，我必須回答一些根本不需要辯論的蠢話！」

道格拉斯所說的與事實不符，他自知那些是謊話，林肯也知道。

「假如一個人……」林肯答道：「站起來一再斷言二加二不等於四，我知道這是沒有辦法的事。我不能把辯論弄成一個精神的銜枚，實實在在地塞住他的嘴。我不願意稱道格拉斯為說謊者，但是在我與他正面辯論之後，我就再也想不出別的名字來稱呼他了。」

於是，爭鬥愈來愈激烈，一週接著一週地過去。林肯逐日繼續著他的攻擊，別人也加入爭論中。李曼・杜倫巴爾稱道格拉斯為說謊者，並聲稱他是「最為厚顏無恥」的人。菲特烈・道格拉斯，著名的黑人演說家，來到伊利諾而加人爭辯中。布坎南的民主黨員凶猛及惡意地非難道格拉斯・卡爾・叔慈，原籍德國的激烈改革家，在外籍投票者面前控訴他。共和黨的報章使用頭號標題稱他為「偽造者」。自己的政黨已告分裂，而自己本身更是四面楚歌，道格拉斯陷於苦戰中。絕望之餘，他打電話給他的朋友亞雪・林德：「地獄的看守者都在追逐我，看在上帝的份上，林德，快來幫助我對抗他們。」

電報收發員把這份電報稿賣了一份給共和黨，許多報章都以頭號標題刊登出來。道格拉斯的敵手拍手叫好，從那天起，這位電報接受人至死仍被稱為「看在上帝份上的林德。」

選舉之夜，林肯獨自留在電報局，等著讀回電。當他得知自己再次失敗時，便返家去。黑夜，風雨惱人，歸途盡是崎嶇泥濘。突然，一隻腳因滑倒碰到另外一隻腳，他很快地恢復平衡站立著。「那只是失足，」他說：「而不是摔倒。」

不久，他在一份伊利諾報紙上一讀到一篇有關於自己的社論。原文說——

亞伯拉罕・林肯實在是伊利諾中最有希望成功卻又最不幸的一位政治家。在政治方面，凡是他所從事的研究，似乎命中注定總要失敗。他在政治企圖方面，所受打擊之深，實可置一般人於死地。

那些曾經爭先恐後要聽他和道格拉斯辯論的廣大群眾，帶給林肯鼓勵與信心，他以為自己或許可以靠演說來賺一些錢；於是他準備了一篇講詞，題目為「發現與發明」，在布盧明頓租了一間演講堂，雇了一位小姐在門口售票——但竟沒有人來聽他演講，沒有任何一個人！

於是，他又重返他那破舊的事務所，墨漬依然留在牆上，書架頂上還是有萌芽的種子。他也該回去了，因為他已六個月沒事做了，未賺得一毛錢。現在家中已無現款，他連肉店和雜貨店的賬都付不出來。所以，他又重新駕著馬車，馳過草原開始巡迴旅行，那匹忠實的老白依舊伴隨著他……

15

當一八六〇年春天，新組成的共和黨在芝加哥開會，提名總統候選人時，很少有人料想到林肯會被提名。競選不多久之前，他自己也曾寫信給一位報社編輯：「老實說，我自認不適宜當總統的。」

一八六〇年，大家都認為，這項被提名的榮耀將會歸屬於紐約州，英俊的威廉・西華德。這是不可置疑的，因為在載著代表們開往芝加哥的火車上，他們曾經舉行非正式的投票，西華德所得的票數，比其他參選人所得票數總和多一倍。在好些火車上，沒有一票是投給林肯的，可能是有些代表們根本不知道林肯是誰。

大會於西華德五十九歲的生日當天召開，多麼美妙啊！他確信自己會被提名為總統候選人，作為他的生日禮物。他因為太自信了，就對美國參議院的同事們一一話別，更在紐約州奧本城的家裏，邀請親戚朋友，舉行一次盛大的慶祝宴會；並且租了一門禮砲置於前庭，裝好砲彈，砲口朝天，準備隨時對這城市報告好消息。

如果大會在星期四晚上便開始投票的話，禮砲也就會放成了，而且國家的歷史必有大轉變；可惜投票必須由印好的文件來紀錄結果。由於印刷廠的外務員將文件送去大會時，大概是在半路停下喝了幾杯啤酒，反正他是遲到了。因此星期四晚上的大會——除了等待外便無事可做。

大廳裏蚊子很多，既悶又熱，代表們飢渴難耐；終於有人起來提議，要大會延後至翌晨十點鐘再舉行。休會延期的提議是合法的，它有提付表決的優先權，而且，總是受歡迎的。這個提案當然受到熱烈支持而通過。

離大會再次召開還有十七個小時，這時間並不長，都已足夠使西華德的政治事業遭到毀滅，而造就林肯的成功。

最致力破壞工作的人物就是賀瑞斯·格利列，一個相貌古怪的人。頭圓如甜瓜，一頭白髮細潔如絲，領結時常歪斜到近左耳下方。格利列並不是支持林肯的，但是他心中充滿懷恨，決心要和威廉·西華德及他的經理杜羅·韋特算算舊賬。

主因是：十四年來，格利列和他們並肩作戰，他幫助西華德當了紐約州的州長，之後又當選美國參議員；他更竭力幫助韋特，使他得到並且保有全州最具勢力的政治領袖地位。

那麼，經過這幾番奮鬥，格利列又得到什麼呢？除了被忽視便一無所成，他想

做州立印刷所所長，卻被韋特給佔了那位子。他渴望被指派為紐約市的郵政局局長，但韋特都不肯提議推薦他。他希望做州長，或是副州長，韋特不但不幫忙，甚至拒絕的態度更傷害了他的自尊。最後他忍無可忍，便寫了封痛心疾首的長信給西華德，信中每一字句都充滿了深切怨恨

那封充滿怨恨的信，是在一八五四年十一月十一日星期六晚上寫的……

而如今已是一八六〇年了。格利列已足足等了六載漫長的歲月，一心要伺機報復，如今機會終於來了，他便要充分運用。在那重要的星期四晚上，在共和黨提名大會休會的幾小時裏，他根本沒有上床睡覺；從日落時分一直到翌晨，他忙著奔走於各代表團之間，陳述理由，既爭辯又呼籲。他開辦的報紙《紐約論壇報》，是北方群眾都愛看的報紙，對於群眾的影響力，是可想而知的。他原是名人，他出現時其他人說話的聲音都會降低，代表們對他的意見，都很鄭重地聆聽。

他提出各種理由來反對西華德。他指出西華德不斷公然地非難「共濟會」的組織；說他於一八三〇年曾利用反對「共濟會」的票數而當選為州參議員，因此引起了群眾嚴重、普遍而不可磨滅的反感。以後，做紐約州州長時，西華德曾贊同取消公立學校基金，主張為外國人及天主教徒另設學校，因此引起一些群眾的不滿。

格利列指出，那些一度曾組織過、極有勢力的「無知黨」的人，都極力地反對

西華德，他們寧可投票選一隻獵犬也不願選他。

這還不夠，格利列指出，這個「狡猾的煽動者」一直太偏激了，他那「嗜殺的計劃」和「還有什麼比憲法更高的法律」之類的話，曾使得邊境的幾州群眾大起恐慌，因此他們是不會擁護他的。

「我可以請那些州的州長侯選人來，」格利列並且許諾著說：「他們將證實我說的話。」他真的請他們來了，那使緊張的氣氛愈加激烈！

緊握著拳頭並瞪著雙眼，賓州和印第安納州的州長候選人都宣稱：西華德被提名參選將會失去他們本州的選票，這實在是不可避免的不幸。

於是，突然之間，那擁護西華德地高潮開始消退了。林肯的朋友趕緊在代表團中大肆奔走，試圖說服那些反對西華德的人們集中全力來提名林肯。他們說，道格拉斯必是民主黨提名的候選人，而全國中沒有人比林肯更有把握打敗道格拉斯的，這是林肯的拿手好戲。此外，林肯是肯塔基州人，他定能獲得那些舉棋不定的邊境幾州的選票。再說，他正是西北方所需要的候選人——一個貧困出身的人，劈過木材，又耕種過田，是一個了解平民的候選人。

這類說法無法溝通時，他們便另換方式。他們說服印第安納州的代表，保證卡萊布·史密斯入閣。他們再次贏取賓州的五十六票，允諾西門·凱麥隆一定在林肯

內閣擔任要職。

星期五早晨，舉行投票。四萬人趕到芝加哥，興奮至極！一萬人擁入大會廳，三萬人卻擠在街上，這些騷動的群眾，擠滿了好幾條街。

第一次開票西華德領先。第二次開票，賓州投給了林肯五十二票，於是真正的競爭開始了。第三次開票，西華德可說是一敗塗地。

在大會廳內，許多人因興奮而陷入半瘋狂狀態，跳上座位，狂喊、大叫，互相用帽子亂打別人的頭。屋頂上鳴放起一禮砲——而街上的三萬群眾更一齊歡呼！人們彼此擁抱，亂蹦亂跳，又哭、又笑、又叫。

特里蒙大廈前的一百枝鎗齊發，一千個鐘齊鳴；再加上火車、輪船上，以及工廠裏的汽笛聲，整天鳴聲不息。這一陣興奮持續了二十四小時之久。

《芝加哥論壇報》宣稱道：「自從耶利哥城牆倒塌以來，這世上還不曾如何喧囂過。」就在如此狂歡中，賀瑞斯・格利列眼看著昔日的「總統製造人」——杜羅・韋特一步步的走人失敗中。終於，格利列完成了心願——順利報仇了。

同時，在春田市有何迴響呢？那天早上林肯照常到他的律師事務所去，正埋首研究一個案子。卻因心神不定無法集中思緒，他就撇開那些法律文件，走出去到了一家店舖後面打一會兒壘球，再打了一兩盤撞球，最後才走去「春田日報社」打聽消息。電報局就在樓上。他正坐在一張大安樂椅上，討論第二次開票結果時，忽然間電報員飛奔下樓，嚷著說：「林肯先生，你被提名了！你被提名了！」

林肯的下唇微微顫動，而臉上泛紅，有幾秒鐘他停止了呼吸。那是他畢生最為戲劇化的一刻。十九年來他備嘗失敗，如今忽然被捧上青雲。人們走在街上衝來衝去，傳遞消息，市長吩咐鳴放禮砲一百響。

幾十個老朋友都將林肯團團圍住，半哭半笑和他握手，並將帽子拋向空中，狂歡大叫。「對不起，諸位。」他要求：「第八街有位小婦人，一定更樂於聽到這消息呢！」於是他匆忙奔回家去，衣服尾端飛揚著。

春田市的街頭整夜點燃柏油木桶和木柴升的營火，酒店更整夜營業。不久，半個美國的人們都在傳唱著：

老亞伯拉罕．林肯來自荒地，
來自荒地，來自荒地；
老亞伯拉罕．林肯來自荒地，
是在伊利諾州。

16

史蒂文生・道格拉斯對於使林肯進入白宮，比任何人出力更多，因為道格拉斯分裂了民主黨，推薦三位候選人，而不是推選一個人來和林肯競選。

對方既已分裂成不可收拾，林肯於競選的初期便已了解他一定會獲選；雖然如此，他還是擔心在他自己的選區或家鄉可能會失敗。他們組織了一個委員會，事先挨家挨戶調查，預測春田市的人們將如何投票，當林肯得知調查結果時，他不禁駭然！全城的二十三個牧師和教士，只有三個是支持他的，而且他們那些忠實的信徒也都反對林肯。

林肯沉痛地評述：「他們假裝相信聖經，自稱是敬畏上帝的基督徒；但從他們的選票來看，明明表示他們不關心蓄奴制度是否該存在或廢除。但我確信上帝關切這件事，人類更關切這件事，假使他們不關心這件事，他們必定誤解了聖經的本意。」

林肯的父族、母族親戚中，除了一個以外，全都反對他，這真是令人驚訝的發現！為什麼呢？因為他們都是民主黨員。

林肯獲選，僅靠全國少數的選票。他的幾位對手所得的票數，比他多三分之一。那只算是區域性的勝利，因為他所得的兩百萬張選票中，只有兩萬四千張是南方人投選的。如果二十票中有任何一票變動，則西北部的選票必定歸屬道格拉斯，同時選舉是由眾議院投票表決的，而南方便可獲勝。

在南方九州中，沒有一人投選共和黨的票。想想看，在阿拉巴馬、阿肯色、佛羅里達、喬治亞、路易斯安納、密西西比、北卡羅來納、田納西以及德克薩斯這幾州，竟沒有一人肯投林肯一張票，這是不祥之兆。

為了充分了解林肯當選後的情形，我們必須先檢討一下，那似同旋風轉過北方的一種運動。三十年來一直有群狂熱的人們，為了要破除蓄奴制度而努力著。不斷有諷刺性的小冊和痛心疾首的書刊，由他們的印刷廠出版；受雇的演說者，走邊北方的每一個城市村落，同時展示那些奴隸所穿著的破爛骯髒衣服、加於奴隸的鎖鍊鐐銬、染有血漬的皮鞭子、和帶著釘的枷以及其他刑具。逃出來的奴隸們也被迫參加運動，周遊全國，述說種種暴行和親身經歷的慘事，以煽動人心。

一八三九年美國反奴會發行了一本小冊子，名叫《美國蓄奴制度內幕——一千個證人的實錄》。在這本小冊子中，見證人述說他們親眼目睹的實際虐待情形：奴隸被迫將手浸入滾水、用燒紅的烙鐵在他們身上打印、牙齒被打掉、被利刃刺傷、肉體被惡犬咬碎、被鞭打致死、被活活燒死。母親哽咽著因親生子女被活活奪去，在奴隸圈裏或拍賣台上的生離死別。女奴們因不能生育而遭鞭打，高頭大馬的白種人，若與黑人女奴同居即可得到二十五元，因為膚色較白的孩子賣價較高，女孩則更值錢。

主張廢除奴隸制度者，最愛引用也最動人心的控告，便是「混亂血統」。他們控訴，南方的男人們因喜愛「放浪淫蕩」的生活而贊成蓄奴。

「南方，」溫德爾。菲立浦大聲疾呼：「是一所大妓院，那裏有五十萬婦女被鞭打驅使去賣淫。」

許多縱慾的故事，現在不便重述，當時都在反蓄奴的小冊裏大肆宣傳過。他們指責蓄奴者先姦污自己的混血女兒，再將她們賣給別人當情婦。

福斯特宣稱，南方的美以美教會有五萬名女教徒，遭鞭打且過著不道德的生活，又說這一區的美以美教會牧師贊成蓄奴，因為他們自己想要娶小妾！

林肯本人在與道格拉斯辯論時，宣稱在一八五〇年，美國共有四十五萬五千名黑白混血兒，幾乎都是黑奴和白種主人的後代。

因為當時憲法保障蓄奴者的權利，主張廢奴者便罵它為——「死亡契約及地獄的合同」。

在所有的反蓄奴書籍中，有一本是最精采感人的，是一個貧窮不堪的神學教授的太太，在她的餐桌旁所寫的《黑奴籲天錄》。她邊哭邊寫，用真摯奔放的情感述說她的故事，最後她說上帝是書的作者。這本書使許多蓄奴制度下的悲劇，生動真實地呈現出來，感動了千萬名讀者，暢銷一時，影響之大竟超出以前任何小說。

當林肯被介紹予哈烈特・畢奇爾・史杜威（《黑奴籲天錄》一書的作者）時，他稱她為發起內戰的小婦人。

那麼北方的廢奴制度者，為此所發起的好心而狂熱的誇張運動，結果如何呢？是否南方人承認了他們的錯誤呢？當然沒有！其結果是可預料的。廢奴制度所激起的憤恨，只能產生憤恨所得的效果：再次引起一些憤怒。南方打算和那些既無禮又多事的批評者分手。在政治或感情的氣氛中，真理原不易生存，於是南北諸州間，從憤恨的錯誤，演變成了血腥的內戰。

當那些「黑心的共和黨」在一八六〇年選舉了林肯，南方人便堅決相信，蓄奴制度要倒楣了，他們必須在廢奴與退出聯邦權之間做一抉擇。那麼，何不退出呢？

這不是他們的權利嗎？

這個問題曾經激烈地討論了半世紀，各州曾在不同的時期，相繼威脅要退出聯邦權。例如：一八一二年戰爭時，新英格蘭諸州嚴肅地討論要另組國家；而康乃狄克的州議會，更對群眾宣稱「康乃狄克州是一個自由、自治獨立的州。」

連林肯本人也曾一度主張退出聯邦權。在一次國會演說中，他曾發表過這項主張：「任何人民在任何地方，只要願意而且有能力，就有權利擺脫政府，而另行組織一個更適合他們的新政府。那是一項最有價值、最為神聖的權利——那種權利我們希望並相信可以解放世界。」

這是一八四八年的事。現在已是一八六〇年，他已不再相信這種說法；但南方人依然相信它。林肯當選後六星期，南卡羅來納州通過一條退出聯邦的法令。查理斯敦城為慶祝這條新的「獨立宣言」，而有樂隊演奏、點燃爆竹、又在街上跳舞，另有六個州緊接著效法。而在林肯要離開春田市，前往華盛頓的前兩天，傑佛遜·戴維斯即被選為新立國的總統；這個新國家基於「一個偉大的真理……奴役是黑人自然和正常的狀態。」

即將卸任的「布坎南政府」，不忠者有如「樹倒猢猻散」般，政情一片混亂；所以林肯不得不呆坐在春田市，眼看著聯邦分裂，國家瀕臨崩潰邊緣。他看到南方聯邦同盟買槍、築營、練兵，於是他了解到他必會領導全國經歷一場內戰——血腥遍地的內戰。

他痛苦萬分，夜晚輾轉失眠，因憂慮致使體重竟減少了四十磅。

林肯原是很迷信的，他相信未來的事情能由夢境和徵兆先行推測。一八六〇年選舉後當天下午，他一回家，就躺在一張馬鬃沙發椅上。面對著一個五斗櫃，上面有面活動的鏡子；而當他朝鏡子裏望時，他看見自己的映像竟一身二面——一張極為蒼白的臉，他大吃一驚的站起來，幻影便不見了。他再躺下，那幻影又出現，臉色更蒼白。這件事令他很不安，於是他將這事告訴林肯夫人，她認為這是他二度被選為總統的預兆。但事實上，那張死白的臉卻表永他無法活過第二任的期限。

林肯不久也相信，他將會在華盛頓死去。他收到無數的信件，上面畫著絞刑台或短劍的圖案；幾乎每一封信都帶給他死亡的威脅。

選舉過後，林肯對一個朋友說：

「我真不知該如何處置我的房子，我不願意將房子賣掉；但若是把它出租，等我回來時，房子一定破舊不堪了！」

他終於找到了一個人，他認為那個人會愛惜房子而加以整修；於是林肯以每年九十元的租金租給他。而後在《春田日報》上登了廣告——

家具出售：客廳臥室全套家具，地毯、沙發、椅子、衣櫥、五斗櫃、床架、火爐、瓷器、玻璃器皿等。請向第八街傑克遜街口本宅面洽。

鄰居們都來看東西，有人要幾張椅子和一個燒飯爐，還有人問床鋪的價錢。「你們要什麼就拿什麼吧！」林肯大概是這樣回答：「你們認為值多少錢就付給我多少吧！」

當然，他們付的錢很少。

大西鐵道公司的主任迪爾頓先生，買下大部分的家具，後來運往芝加哥，但一八七一年發生大火時全部焚燬。

有幾件留存在春田市，多年後，有位書商買去，運往華盛頓，擺設在林肯過世的那棟房屋裏。這棟房子位在福特戲院對街，現在是美國政府的產業——是國立的古蹟及博物館。

當初林肯的鄰居只須花一元便可買到椅子，今日的價值，其可與同等重量的黃金和白金相同。凡是和林肯有密切關係的每一件物品，都有非常的價值與榮耀。布斯刺殺他時，他所坐的黑胡桃木搖椅，在一九二九年賣得二千五百元。他一封親筆指派胡克爾少將為波多馬克河區陸軍總司令的信，最近拍賣得一萬元。而當年作戰時，他所發出的四百八十五封電報，目前歸布朗大學所有，約值二十五萬元。他的一篇未經署名不重要的演講稿，最近更有人以一萬八千元買去。而林肯親筆的蓋茨堡演講稿，就值幾十萬元了。

一八六一年春田市的人民，完全不了解林肯的才華，更不知道他將來的命運將令他不朽。

多年來，這位未來的偉大總統，幾乎每天早上，手裏挽著一個菜籃，圍著圍巾，來往於街道上，走進雜貨店和肉店去，並將食物帶回家。多年來，他每天黃昏必定走到郊外的牧場，將自己的牛由牛群裏領出來，趕回家並替牠們擠牛奶，為馬刷毛、洗馬棚，砍鋸木材，運回家中準備生火燒飯用。

在動身前往華盛頓三個星期以前，林肯開始著手準備他第一次就任的演說。因需要清靜和隔離的環境，他找到一家雜貨店樓上的一間房間，將門鎖起來埋頭苦讀。他自己藏書極少；但他的律師同伴，倒還有些書，所以，林肯要求赫登為他帶一本憲法、安得烈‧傑克遜反對州政府不執行聯邦法令的宣言、亨利‧克雷一八五〇年的著名演說，以及韋伯斯特答海恩等書籍。如此，在骯髒卻清靜的環境中，林肯寫下了著名的演說辭，結尾有一段對南方各州所發出的動人呼籲：

「我真不願意就此結束；我們原是朋友，而非仇敵。我們絕不會成為仇敵，雖是一時意氣相爭，仍不損害我們的感情。記憶是和諧的音調，牽動每一個戰場及愛國志士的墳墓，更延伸到每個活潑的心靈及這片大地的每戶人家，終有一天，人類的善性將會重彈這些諧音舊調，而所發的音調，必然是聯邦的大合奏。」

在離開伊利諾州之前，他走了七十哩的路程，去與繼母話別。他上前喊她「媽媽」，他一直這樣稱呼她。她抱著他不放，哭泣看一邊說道：「我不願你去競選總統，林肯，我更不願見你當選。我的心告訴我，你將遭遇不測，而我將不能再見到你了。」

在春田市最後幾天，他回憶起過去在新沙連和安妮相處在一起的日子，重新幻想那些不可能在他身上實現的美夢。動身前往華盛頓的前幾天，有個新沙連的拓荒者，來到春田市和他話舊道別，一直和他談起安妮。

「我深愛著她，」林肯承認：「至今我仍想念著她。」

在他永別春田市的前夕，林肯最後一次去看那間破舊的律師事務所。

赫登告訴我們——

事務所整理完了之後，他走到房間對面，就躺在那張倚牆的沙發上心他躺了幾分鐘，面向天花板，我們兩人都默默不語。不久他發問：「畢利，我們同事多久了？」

「約十六年吧！」我答道。

「這些年來我們從未爭執過吧？」我很激動的回答：「從來沒有。」

他又想起早年做律師的一些趣事，而且講述許多在路上巡迴出庭所碰見的滑稽故事……他帶著收拾好的書籍和文件，便預備離去；但在離去前他卻有個特別的要求，希望保留樓梯下方生銹的鉸鏈上所懸掛的招牌。「讓它掛著，不要去動，」他特別低著聲音說道：「讓我們的顧客知道，選舉總統，並不影響林肯和赫登的事務。只要我活著，我還是會繼續當律師，好像未曾發生過任何事一般。」

他徘徊了片刻，像是要把它刻入腦海中，然後走出門，踏出狹窄的走廊。我陪他下樓，一路上他提起總統辦公室那種不舒服的氣氛。「我已厭倦了當官辦公。」他抱怨，「我一想到將來那些責任，便不寒而慄！」

當時林肯約有一萬元的資產；但他缺乏現金，所以必須向朋友借錢，才能趕往華盛頓。

林肯全家在尊達利旅館，度過他們在春田市的最後一週。他們在出發前的一夜，已把行李箱都搬到旅館大廳，林肯親自加以綑綁。他又向旅館職員要了幾張旅館牌子，在反面寫著：「A・林肯，總統府，華盛頓」貼在行李上。

第二天早晨七點半，破舊的大客車進入旅館，林肯和家人上了車，顛簸著到華貝施車站，那裏有一列專車等著，送他們去華盛頓。

那是一個陰雨天，但車站已擠滿了大約一千五百名舊友鄰居。他們排成一列，慢慢走過林肯身邊，握著他那雙大而露骨的手。終於鈴響了，告訴他已是分別的時刻。他由前面踏板上了專車，一分鐘後卻在火車後的陽台上出現。

他原本不打算演說。他早已告訴新聞記者不必到火車站來，因為他沒有話要說。然而，當他望著那些舊友鄰居看最後一眼時，他覺得他非說幾句話不可。

那天早晨他在絲絲細雨中所講的話，雖不能和蓋茨堡的演說辭，或是第二天的當選就職演說之偉大精神相比較，但這篇告別辭卻可與大衛的詩篇相比，在林肯的演說中，這次是最富有個人的情感及動人的力量。

林肯一生中只有兩次在演說時流淚，這便是其中的一次……

「我的朋友們：不處於我的心境，就沒有人能夠了解到我這一次別離的悲哀。本城以及本城居民對我的感情，我將永世不忘。我在此地住了二十五年，由一個青年變為一個老人。我的孩子都在此地出生，有一個更安葬在此。如今我將離去，不知何時，或甚至能否回來，因眼前的工作與責任，遠比華盛頓所承當的更為艱鉅。若沒有上帝一直支持我，我絕不能成功。有上帝的幫忙，我絕不會失敗。唯有祂，能夠與我同行，又與你們同在，且隨時隨地給人援助，讓我們全心全意信奉祂，一切將順利成功！願祂保佑你們，也希望你們在禱告時請祂保佑我，我在此向各位親切而珍重地道別了。」

17

當林肯動身趕往華盛頓就職時，美國特務人員和私家偵探，都發現了一項謀殺計劃，準備趁他經過巴爾的摩時，暗殺他。林肯的朋友們大驚，便勸他放棄原來公布的路線，催促他利用夜裡匿名溜進華盛頓。

這似乎顯得太怯懦了，林肯知道那將會引起一場嘲笑和鄙視，他堅決反對。但是，經過他們好幾個小時的哀求，他終於聽從他信任的忠告者的意見，決定要祕密行動。

林肯夫人一聽到計劃的改變，便堅持要和他同行，當他們用嚴厲的口氣告訴她，她必須隨後搭乘火車，她便大怒，並大聲的抱怨，以致幾乎走漏了整個計劃。

原來公告的是：二月廿二日林肯會在賓州的哈利斯堡演說，並在那裏留宿，然後第二天早上，前往巴爾的摩及華盛頓。

他按照預定計劃在哈利斯堡演說；但是，他並未在那裏留宿。在當晚六點鐘，便偷溜出旅館的後門，穿著一件極破舊的大衣，戴上一頂他從未戴過的軟羊帽，他被護送上一輛沒點燈的火車，幾分鐘後，一部專車將他送往費城。而且哈利斯堡的電報線路全部截斷，使這項消息無法走漏到那些預謀者耳邊去。

在費城，他們要等一小時，換火車。為避免人們識破，林肯和名偵探阿倫・賓克頓乘著一輛不點燈的馬車，整街亂逛。

十點五十五分，扶著賓克頓的手臂，彎看身子以免因過高而引人注目，林肯由側門走進車站。他的頭向前彎，走到最後一節火車的後部，賓克頓手下一位女助手已事先用一幅厚幕隔開來，是為她「生病的弟弟」所預備的。

林肯接到無數封恐嚇信，聲稱絕不讓他活著進人白宮。陸軍總司令飛特・史考特，生怕林肯會在宣誓就職時被射殺——還有千萬人也同樣擔心著。

許多華盛頓的人們都不敢參加這個就職典禮。

於是，史考特老將軍派了六十四名士兵，環繞在林肯宣讀就職辭的國會議事廳東廊的講台下面；又派兵在總統的背後嚴密守著，總統前的聽眾，也被士兵所環繞著。禮畢，新總統上了車，駛過賓州大道，沿街的房屋都有綠衣的槍手暗中保護著，一路還有露著光亮刺刀的步兵排列護送。

當他到達白宮，不曾受到任何傷害，許多人為之驚訝。

也有許多人感到失望。

在一八六一年的前幾年，國家在經濟不景氣之下掙扎著。人民生活非常困苦，以致政府不得不派兵前往紐約市，防備飢餓的群眾搶劫國家支庫。

林肯當選後，更有無數憔悴又走投無路的人到處找工作；他們知道共和黨這回初次上台，一定會把民主黨的官員全部撤職，連一星期賺十元的辦事員也不例外。

無數求職者正在爭取每一份工作；林肯進入白宮還不到兩個小時，就被他們所包圍。他們衝過走廊，擠滿通道，將東廳佔滿，連私人的客廳也不例外。

乞丐也來向他乞討一頓飯錢，還有人要求林肯給他一條舊褲子穿。

有個寡婦更替一個男人來求職，那男子答應她，她若能替他找一份足以養家的工作，便娶她為妻。

許多人來求他簽名。有一個開宿舍的愛爾蘭婦人，要求林肯幫她向一個政府小職員收房租。

只要有一名官員罹患重病，就有成打的求職者擁到林肯跟前，要求「若他死去的話」，能接任其職位。

每個人都帶了許多證件，但林肯連十分之一也來不及看。有一天，有兩個求職者都要求同一差事，就將一堆介紹信塞給他，他為了省事起見，將兩人的文件稱了一稱，就指定那名文件較重者。

還有許多人時常來求見林肯，要謀差事，若是被拒絕，便咒罵他。有一名婦人來替她丈夫謀求差事，並坦承他因酒醉而無法親自來。

如此卑鄙自私，如此貪得無厭，令林肯為之駭然！他們趁他去用餐時攔住他。當他駕車在街上時，他們就攔住馬車，拿出他們的文件，要求謀職。甚至在林肯做了一年總統，國家內戰已有數十個月後，這些群眾還是騷擾著他。

「他們有完沒完呀！」他感嘆道。

這些求職者瘋狂似的騷擾，曾使泰勒總統上任一年就去世，也曾使哈利生總統在上任四星期內便死去。而林肯不但要忍受這些謀職者，同時還要主持戰爭。終於，他那鋼鐵一般的身體，也在重大壓力之下支持不住病倒了。他罹患了天花後說道：「叫那些求職者都來吧！現在我有一樣東西，可以給他們所有的人。」

林肯進入白宮尚不到二十四小時，便面臨一個嚴重而緊要的問題。在南卡羅來納州查理斯敦城裏，索姆特砲台的衛戍部隊將要絕糧了，總統必須立刻決定，到底是要送糧接濟守兵或讓砲台向南方聯盟投降。

他的陸軍顧問都勸道：「萬萬不可送糧，一送糧，便等於開火一樣。」

他的七位內閣人員當中，有六位都如此說。但是林肯曉得，一放棄索姆特砲台事實上便等於承認並鼓勵脫離聯邦，結果是南北分裂。

在他的就職演說辭裏，他曾宣布他已「銘記於天」，並立下嚴肅的誓言，一定要「維持、保護並防衛」整個聯邦，他決意要實踐這項誓言。

於是，他下令後，「寶哈坦號」軍艦便載著鹽肉、豆類和麵包，開往索姆特砲台，沒有槍砲、沒有增兵、沒有軍火。

當傑佛遜·戴維斯得知這項消息，便電告包利格將軍，在必要時可以襲擊索姆特砲台。

負責守衛該砲台的安德生少將，帶信給包利格將軍，只要再等四天，守軍將因飢餓而被迫投降，因為他們現在只剩下一點東西，快要絕糧了。

為何包利格將軍不等呢？

也許是因為有一些軍事顧問認為「除非血濺人民的臉上」，否則仍有可能重返聯邦。射殺幾名「北佬」，將可喚起群眾的熱情並促使南方聯盟更團結。

因此，包利格將軍便下達了悲慘的命令，在四月十二日清晨四點半，一顆砲彈呼嘯越空而過，在靠近砲台牆垣的海面墜下。

於是，砲擊持續了三十四小時之久。

南方聯盟把這場戰爭當作宴會。勇敢的青年人，身穿新制服，興致沖沖地朝他們開砲，一些時髦的小姐太太們，一邊在碼頭與砲台之間散步，一邊高聲喝采。

星期日下午，聯邦軍隊交出砲台和四桶鹽肉，正式投降；並且一面揚著星條旗，一面唱著「北佬歌」，他們一路向紐約揚長而去。

查理斯敦全城狂歡了一星期，在教堂中熱烈歌誦讚美詩；群眾滿街遊行、飲酒、唱歌，宴會充斥於各酒店之間。

以生命損失而言，索姆特砲台的轟擊是無所謂的，雙方均無死傷。但因它而引發起一連串的事件來看，卻又是極重要的一場戰役。這就是當時自美國開國以來，最殘酷之內戰的開端。

第三部

南北戰爭

〈一八六一年四月～一八六五年四月〉

18

林肯下令動員七萬五千名男丁，促使全國激起一陣愛國的狂熱。成千的大廳和公共場所上召開民眾會議；軍樂演奏，國旗飄揚，演說者大聲疾呼，爆竹聲處處可間；而男丁們，放下鋤頭和筆桿，直奔國旗下。

在十星期內，就有十萬九千名新兵在操練步伐並唱著——

「約翰・布朗為國捐軀，屍骨雖朽，精神永存。」

可是誰能領導這批軍隊打勝仗？當時軍隊中公認的軍事天才——也是唯一的，他就是羅伯特・李。他是南方人；儘管如此，林肯還是請他統領北方聯軍。假若羅伯特接受了，則整個南北戰爭史，必然和現在所記錄的大不相同。他一度曾考慮正式接受，他詳加考慮，研讀聖經，跪下禱告以求公平做決定，整夜不眠的在臥房裏踱來踱去，希望能找到一個正確的答案。

他有許多看法和林肯相同，他恨奴役，正如林肯恨奴役一般，在多年前他就釋

放了自己的黑奴。他愛護聯邦和林肯一樣，他相信聯邦是「永恒的」，而退出聯邦只是一種「革命」，大禍將會因此而降臨到國家與國民身上。

但是——問題就在此——他是維吉尼亞人，高傲的維吉尼亞人，視州比國家還重要的維吉尼亞人啊！二百年來，他的祖先一直是政界的要人，先在殖民地時期，後在國家成立之時。他的父親，乃是鼎鼎大名的「輕騎哈利李」，曾幫助華盛頓驅逐英皇喬治的紅衣衛隊；隨後，他做過維吉尼亞州的州長；他也教他的兒子羅伯特，要愛本州勝於愛國家。

所以，當維吉尼亞州歸向南方時，羅伯特心平氣和地宣布：「我不能率領一支敵對的軍隊，與我的親戚、子女及我的家庭作戰，我要回去和我的鄉里同甘共苦。」——這項決定就把南北戰爭延長了兩三年。

如此，林肯還能請誰來帶領軍隊啊？當時陸軍統帥文・史考特將軍，已經老邁。在一八一二年他曾經在藍地巷打過勝仗，但現在已是一八六一年了。四十九年之後，他已身心疲乏，年輕時的衝勁和勇氣早已消退了。

而且，他又罹患了脊椎骨毛病。「三年來，」他寫道：「我不能騎馬，只要略略步行，就感到很痛苦。」此外，他現在又罹患了別的疾病——浮腫和頭暈。

這樣一個人，林肯還不得不請他領導全國作戰；一個體弱多病的軍人，早就該住進病院，由護士看護，用特別的病床。

在四月間，林肯動員了七萬五千個男丁，入伍三月。他們的徵召將於七月期滿，於是，在六月下旬，便有人大聲疾呼要求行動！行動！行動！

賀瑞斯。格利列每日在《論壇報》的社論欄，用頭號標題刊出「國家作戰的呼聲」：「衝向李奇蒙去！」（編按・李奇蒙係南方的首都）

工商業不景氣、銀行不敢放款，甚至政府借款也需付出一角二分的利息，人們惶恐不安！「看吧！」他們說道：「不必再鬼混了！讓我們來個迎頭痛擊，生擒羅伯特的軍隊，把這紊亂、惡劣的情勢徹底解決吧！」

這些話很動聽，大家都很同意。

人人都贊成，然而軍事當局則不以為然，他們知道軍隊準備不夠充分；但是總統不堪群眾的喧囂，終於下令出征。

於是，在一個極熱的七月天，麥克威爾帶領著三萬「大軍」，浩浩蕩蕩地去攻打在維吉尼亞的一條小河上布爾淵的南方聯盟軍。以前從未有任何一位美國將軍帶領過如此眾多的人馬。

那是怎樣的一支軍隊啊！生疏、訓練不完全，有幾個團是在七日前才到齊的，更不知什麼是紀律。

「用盡我全部的力量，」指揮一個團的雪曼說：「我仍無法阻止士兵離隊去找水喝、爭著採食野草莓、或沿路上他們看見而想得到的東西。」

當時法國輕步兵，無論是由法國人或阿爾及利亞人組成的，都被肯定是最會作戰的勇士；許多士兵只想穿和他們一樣的制服，模仿他們的舉止。因此，那天出發去布爾淵的軍隊，上萬的人都戴著大紅頭巾，穿著大紅的大腳褲。他們不像趕赴沙場的人，倒活像演喜劇的戲班子。幾位戴著絲質帽的國會議員，帶著太太和愛犬，攜著成籃的三明治和美酒，駕車去看打仗。

終於在七月下旬，酷熱的一天，上午十點鐘，南北戰爭真正開火了。

事情經過如何？

那些毫無作戰經驗的軍隊，一看到砲彈穿過樹梢，一聽見人們喊叫，又看見他們向前仆倒口吐鮮血——看到這種種情景，賓州團及紐約砲兵中隊，忽然憶起他們入伍三個月的期限已滿，他們便堅持要退出軍隊。立刻！並儘速！麥克威爾還說：「他們聽到敵人的砲聲，便立刻向後逃跑。」

其餘的軍隊卻出乎意料的打得很好，直到下午四點半，南方聯盟突然添了兩千三百名生力軍，席捲整個沙場，使士氣大振。

一時傳說：「約翰斯頓的部隊來了。」

北軍大為恐慌。二萬五千個士兵，不聽指揮，因極度恐懼而從戰場逃跑。麥克威爾和許多軍官拚命想要安撫騷動，卻完全失敗。

南方聯盟軍的砲兵連忙轟擊道路，路上已擠滿著逃兵、輜重車和救護車，還有那些頭戴絲質帽觀戰的國會議員們的馬車。婦女們相繼尖叫而暈倒；男人們大聲喧嚷、咒罵，彼此踐踏。一輛運貨馬車翻倒在橋上，交通為之阻塞。那些受驚嚇狂躍的馬，都從貨車、救護車以及軍車上脫離韁繩；那些頭戴紅巾身穿紅褲受驚嚇的人們，就跳上馬背飛奔而去，沙土中還留著蹄印，馬具便拖在後面。

他們以為南方聯盟的騎兵隨後追來，單是「騎兵啊！騎兵啊！」的呼聲已使他們魂飛膽喪！

大混戰嚇壞了一群烏合之眾。

美國歷史上的所有戰役中從未見過這種景象。

驚慌失神的人們，扔掉他們的槍桿、外衣、軍帽、腰帶和刺刀，似乎是被一種無名的恐懼所驅使而逃。有些人因筋疲力盡而倒在路上，被路過的馬車壓死。

那天是星期日，林肯坐在教堂中，仍可聽見二十哩之外的陣陣砲轟聲。禮拜完後，他直奔國防部去閱讀從各戰區發來的電報。情報雖然片段不全，林肯還是很想

和史考特將軍討論一下；於是他連忙趕到老將軍的寓所，只見他正在酣睡著。

史考特將軍醒來，打個呵欠，揉著睡眼；可是他太虛弱，無人攙扶便爬不起來。因此，他裝置了繩索和扶手，附有滑輪，吊在天花板上；抓住了扶手，他將龐大的身體坐直，然後再把雙腳從床上放到地板上。

「我不知道。」他說道：「有多少人在戰場？在何處作戰？有多少軍火？裝備如何？他們的戰鬥力如何？沒有人來向我報告，所以我一無所知。」

他還真是聯軍的最高統帥啊！

這位老將軍隨手看了幾封戰地拍來的電報，就告訴林肯不必擔心，並開始抱怨背痛，便再次躺下睡著了。

到了半夜，這些敗兵在混亂中，開始蹣跚地渡過長橋，過了波多馬克河，走入華盛頓。街道上趕緊擺起桌位來，不知從哪裡忽然運來了幾車的麵包，一些時髦的小姐太太們，站在熱騰騰的大鍋湯和咖啡旁，分配食物。

麥克威爾筋疲力盡，竟在趕寫一份通訊電報時，在一棵樹下睡著了，鉛筆還握在手中，電報卻尚未寫完。他的士兵們也疲憊不堪而顧不得一切，隨地倒在街道上酣睡，在傾盆大雨中，睡得如死人一般——有的士兵手裡還緊握著槍哩！

林肯一夜坐著，甚至到天明仍未入睡，只是聽新聞記者和市民們，敘述他們目睹混戰的情形。

許多人聽了之後大為恐慌，賀瑞斯‧格利列主張在任何條件下停戰。

他很清楚，打敗南方是絕不可能的。倫敦的銀行家一致認為聯邦一定會失敗，所以他們派駐華盛頓的代表在星期日下午趕到財政部，要求美國政府立即拿出抵押品，作為他們四萬元貸款的保證。

他請他們於星期一再來，美國政府應該還是在老地方辦公。

失敗和打擊對林肯而言是不足為奇了，他的畢生都遭受這類的命運，所以他並不氣餒；他仍然堅信他的主張必能獲得最後的勝利，他的信心並未動搖。他走在垂頭喪氣的士兵中和他們一一握手，不停地說：「上帝祝福你！上帝祝福你！」他安慰他們，坐下來和他們一同吃飯，恢復了他們的精神，並和他們談起光明的未來。

戰爭一時是不會結束的，他現在已看出了這一點，所以他請求國會再次徵召四十萬人。國會為他召募了十萬人，並決議另有五十萬人要服役三年。

但是誰能統領他們呢？是那位不能行走、沒有扶手和滑輪就不能起床、在作戰期間午睡的老史考特嗎？絕不是！他是非淘汰不可了。

有一位極得人緣，卻叫人大失所望的將軍，不久便要一顯身手了。

林肯的困難還未解決，這只是剛開始而已……

19

戰爭開始的頭幾個星期中，有一位年輕英俊的將軍，名叫馬克廉，帶著二十尊砲和一架活動印刷機，衝進西維吉尼亞，打敗了南方聯軍。他的幾個戰役並沒什麼了不起——僅是小接觸而已。然而那是南北開戰以來北方初次的勝利，所以顯得很重要。馬克廉注意到這點，就利用活動印刷機，發出十幾次誇張而戲劇化的捷報，將他的勝利告知全國。

若是幾年後，他那滑稽的舉動必為人們所訕笑；但當時戰爭才開始，人民恐慌而期望著有人能領導他們，於是人們就以這位軍官對自己的評價來評估他。國會決議要向他道謝，人民稱他為「年輕的拿破崙」，而且在布爾淵戰敗後，林肯邀請他來華盛頓，帶領波多馬克河區的軍隊。

他是個天生的領導人物，他的軍隊若見他騎著白馬疾馳而來，便高呼喝采。而且，他工作極賣力認真，他接管了布爾淵的敗軍，加以操練，重振他們的信心，在這些事上無人勝過他。到了十月，他已領有西部最強大且訓練最佳的一支軍隊。他的部隊不但受了作戰的訓練，而且個個都盼望能好好表現一番。

所有士兵全都主張採取行動——馬克廉是唯一的例外，林肯再三催促他行動，但他仍不肯。他時常舉行閱兵，告訴人們他將如何行動；但結果只是——空談。

他拖延、耽擱、舉出種種的說詞，就是不肯行動。

有一度，他說他無法前進，因為軍隊需要休息。林肯問他，到底軍隊幹了什麼事會如此疲憊呢？

還有一次——在安地潭戰役以後——有一件妙事發生了。馬克廉手下人馬比羅伯特・李多很多，李被擊敗了；假若馬克廉繼續追擊他，李可能早已被擒，南北戰爭就從此結束。林肯一連幾個星期催促他追擊李——用書信、用電報、請專人送信。終於，馬克廉說他無法行動，因為他的馬疲人困。

如果你遊歷新沙連，你可望見一片低地，離林肯當年服務的雜貨店約一箭之遠。克拉利叢林少年幫，常在那邊鬥雞為戲，請林肯當裁判。巴布・麥納布一直在吹牛，說他有一隻雄雞可以打敗桑嘉孟郡的任何對手。但等到真正把牠放入鬥雞場時，牠夾著尾巴不肯鬥。麥納布氣極，抓起牠向空中一扔，那隻雄雞便落在附近一堆木柴上，然後昂頭伸頸，得意地啼叫。

「是呀，你該死！」麥納布罵道：「你如果時裝表演一定很出色，但真打鬥起來，卻一文不值。」

林肯說，馬克廉使他想起巴布‧麥納布的雄雞。

有一次在半島戰役時，馬格魯德將軍以五千人，抵擋馬克廉的十萬士兵。馬克廉不敢進攻，築起城牆，不停向林肯要求增兵、增兵、再增兵！

「如果用魔術，」林肯說道：「我能為馬克廉增援十萬士兵，他必定欣喜若狂地謝謝我，然後說明天再打羅伯特，而明天呢？他又會打電報說他得到情報，敵人有四十萬兵，若不增援，他就無法進攻。」

「若是馬克廉有一百萬兵，」國防部長史坦登說過：「他一定發誓說敵方有二百萬兵，然後坐在泥土上，大喊要三百萬士兵才夠。」

這位「年輕的拿破崙」一舉成名，竟然昏頭昏腦，自負不凡，他稱林肯及其內閣為「獵犬」、「可憐蟲」、「幾隻我生平所見最笨的鵝」。

他公然地對林肯無禮；當這位總統來看他時，馬克廉讓他在會客室裏等候半小時之久。有一次這位將軍在夜晚十一點回家，佣人告訴他，林肯已經等他好幾個鐘頭了。他經過總統所等候的房間門口，毫不理睬，直接上樓，卻叫佣人傳話，說他已經就寢了。

夏天轉眼過去，秋天已來；秋季轉為冬季，春天即將來臨；然而馬克廉還是沒有行動，只有操練士兵、舉行閱兵和說大話。

全國為之譁然，而林肯更因馬克廉不採取行動，飽受各方的抨擊和責難。

「你的拖延會毀滅我們。」林肯叫道，一面正式下命令要他進攻。

馬克廉若再不行動便須引咎辭職，於是他連忙趕往哈潑渡口，下令他的部隊立刻進攻。他計畫從這個據點來攻打維吉尼亞，由奇沙比克和俄亥俄運河將船隻行駛過來，停靠波多馬克河，以利軍隊渡河。但是在最後一刻，整個計劃只得放棄，因為船隻比運河的閘門寬了六吋無法通過。

當馬克廉將這項消息報告林肯，並說浮橋尚未預備好，連那最有耐心，最能容忍的總統也發脾氣了，用他以前在印地安納州鴿溪谷鄉下說的俚語，質問他：「見鬼了！為什還沒預備好呢？」

全國人民也正以同樣的語氣，質問同樣的話題。

終於，在四月，「這年輕的拿破崙」對他的士兵作了一場動人的演說，正如以前的拿破崙一般，然後十二萬士兵就高唱著「我留在家裡的姑娘」而出發了。

戰事已進行一年了；馬克廉曾誇下海口，說他要立即解決整件大事，好讓士兵

們能趕回家種玉蜀黍和小米。

說起來你也許不相信，林肯和史坦登是如此樂觀，他們竟拍電報給各州長，請他們不要再徵召自願兵，關閉新兵招募處，並且要將這些公共財產賣出。

腓特列大帝的軍事格言有一條說：「認清你的敵人。」李和傑克遜很清楚，他們所要對付的，只是「軟膝拿破崙」——膽怯、小心翼翼、哀鳴的拿破崙，他不敢親自上戰場，因為他看見血就害怕。

所以，李就讓他花費三個月的時間到達李奇蒙。馬克廉領兵包圍城牆，士兵們簡直就能聽到教堂的鐘塔在報時。

然後羅伯特‧李出奇不意地出兵，在七天內，便將他趕回兵艦上躲了起來，並殺了他的一萬五千名士兵。這件馬克廉所謂的「大事」，竟成了悲慘的大敗北。

但是，馬克廉還是照例責怪「在華盛頓的那些叛徒」，還是那些老話：他們派出的兵力不夠，他們的「怯懦和愚蠢」使他憤怒。如今他怨恨林肯及其內閣，比憤恨南方同盟更甚，他大罵他們的政策是「有史以來最可恥的」。

馬克廉的兵原來就較敵人多——經常多很多，他每次都用不到這些兵；但是他仍繼續地要求增兵再增兵。他要求多加一萬，然後五萬，最後要十萬，這當然不可能，他了解這一點，林肯也知道他曉得這一點，林肯告訴他，這要求「簡直荒唐極了！」

馬克廉拍給史坦登及總統的電報，太侮慢且無禮，頗似瘋子的胡言亂語，他苛責林肯和史坦登在毀滅他的軍隊。由於那些指責實在太過份了，所以電報收發員竟不肯送出那些電報。

全國為之駭然，華爾街萬分恐慌，人民憂慮萬分。

林肯為之消瘦憔悴，他說：「在所有活著的人當中，我是最無法自解的。」

馬克廉的岳父，馬歇爾參謀長說，如今除了向南方投降外，沒有其他辦法了。

林肯聽到這話時，氣得脹紅了臉，就將馬歇爾請來，他說道：「將軍，我聽說你用了『投降』這字眼。只要是與我軍有關的，這字眼絕不會用上。」

20

早在新沙連時，林肯便從經驗中學習到：租一所房子，辦些雜貨都不難；但是想靠這些賺錢，都是他及他的酒醉同伴所無法勝任的。

在命運的支配下，他歷經了好幾年的痛心和頭破血流才發覺，想徵召五十萬多士兵賣命，花一億元給他們配備槍枝、彈藥和背包，都非難事；但是若要贏取勝利，就需要一位罕見的軍事奇才。

「在軍事行動上……」林肯感嘆地說：「一顆非常的頭腦是多麼重要啊！」因此，有無數次他都跪下禱告，祈求上帝賜給他一位羅伯特‧李或約瑟‧約翰斯頓或斯登華爾‧傑克遜。

「傑克遜，」他說道：「是個勇敢、誠實，屬於長老教會的軍人。我們只要有一位這樣的人來統領北方軍隊，國家便不會如此多災多難。」

然而在整個聯邦軍隊中，要到何處去找另一位傑克遜呢？沒有人知道。施特曼發表過一首著名的詩，每段句末都以這要求作結尾：「亞伯拉罕・林肯，給我們一位真正的大丈夫吧！」

這不僅是詩的尾句，更是一個流血而苦難的國家的呼聲啊！

總統讀這首詩時，忍不住感動落淚。

兩年來，他一直在尋覓這位全國所呼籲的軍事奇才。他將軍隊交予一位將軍，而這位將軍率領人馬作戰，卻留下一萬或三、四萬寡婦孤兒哀號慟哭，一時悲悽遍及全國。這位將軍因失職而另換一位；但另一位也是無能，再次造成一萬人的死傷；林肯穿著便衣和拖鞋，徹夜不眠地踱方步，聽取各方的報告，一再叫嚷著：

「我的天啊！人民會說什麼呢？我的天啊！人民又將會說什麼呢？」

而後又換了另一位統帥，但戰敗如故。

如今有些軍事評論家認為，儘管馬克廉有驚人的過失和出奇的低能，但還算是波多馬克河區最好的軍事將領。因此，如果你能想像得到，便知其餘的將領又是怎麼樣了！

馬克廉失敗後，林肯任用約翰・波普在密蘇里州頗有戰績，曾經佔領密西西北河上一島，擒敵數千。

他和馬克廉有相似的兩點：他長相英俊，也喜好吹牛。他宣稱過，他的軍營是

「穩如泰山」，而且發表了許多誇張的布告，故被稱為「波普宣言」。

「我是從西部來的，在那邊我們只望見過敵人的後背。」他第一次向軍隊致辭時，便說出這般太輕率而不得人心的話。然後他又譴責東部的軍隊不該按兵不動，暗示他們是無用的懦夫；而結束時，大肆渲染他在軍事方面所創造的奇蹟。

這篇宣言，使這一位新任統帥，比夏天草叢裏的響尾蛇還要不得人心，無論軍官或士兵，都討厭他。

馬克廉簡直恨透了他！波普是接替他職位的，誰也沒有比馬克廉心裏更明白——他已經寫信去紐約找工作了——他嫉妒得如火燒般，一肚子的恨意和怨氣！

波普帶兵進人維吉尼亞；即將面臨大戰，他需要士兵，越多越好，於是林肯拍給馬克廉的電報如雪片般飛來，命令他儘速派兵去援助波普。

但馬克廉會服從嗎？他絕不！他爭辯、拖延、抗議、打電報推辭，他將原已派出的軍隊召回，而且他「用盡了惡魔似的心思」，使波普無法獲得援助。「讓波普先生，」他鄙視地說：「自行設法解決困難罷！」

甚至，在他聽見南方聯盟的砲聲時，他還設法壓制他的三萬軍隊，不讓他們去援助他最怨恨的死對頭。

於是，羅伯特・李的部隊，在老戰場布爾淵大敗波普的軍隊。死傷慘重，北方軍隊又驚慌逃散了。

這是布爾淵首次戰役的重演，慘敗傷重的士兵，又一湧而入華盛頓了。

李乘勝追擊，甚至連林肯都以為首都保不住了。戰艦都受命開進港裏來，所有華盛頓的職員——不分老百姓或政府官員——都受命拿起槍桿來保衛城池。

國防部長史坦登在惶恐之下，電告予六州州長，請他們派專車，送軍隊和志願軍來保衛首都。

酒店關門，教堂鳴鐘；男人們都跪下祈求全能的上帝，來拯救這個城市。

老弱婦孺驚駭逃跑，街上只聽陣陣馬蹄聲，和匆匆趕往馬里蘭的馬車咔咔聲。

史坦登準備要遷都紐約，乃下令撤空軍械庫，並將所有的軍火搬往北方。

財政部長蔡斯，下令將國有的金銀，火速搬運到紐約華爾街的國庫支庫裏。

林肯憂心如焚，唉聲嘆氣道：

「我該怎麼辦呢？……我該怎麼辦呢？……船已要沈了，船已要沈了！」

人們相信馬克廉為了個人報復，早已渴望看到「波普先生」敗得片甲不留。

甚至林肯也已召他來過白宮，並告訴他人民都咒罵他是賣國賊！因他的行徑簡直是希望華盛頓淪陷，南方獲勝。

史坦登怒氣沖天，他因憤怒而脹紅了臉。看見他的人們都說，如果馬克廉當時

走進國防部長辦公室，史坦登必定會衝向他，一拳將他打倒。

蔡斯更是懊惱不已，他不願揍馬克廉，他說這個人早該槍斃了。而這位虔誠的蔡斯更不是說著玩的，他所言亦非過甚之辭。他真的會蒙上馬克廉的眼睛，面對石牆，用十幾發槍彈射穿他的心。

但是林肯永遠抱持著基督的精神對人類加以諒解，他誰也不責罵。雖然，波普失敗了，但他不也盡到他最大的努力了嗎？林肯一生嘗過太多的失敗經驗，所以他不願因他人失敗而加以責備。

於是，他把波普派至西北部，去鎮壓作亂的印第安人，將軍隊再交給馬克廉。為什麼呢？因為林肯說：「在軍隊中沒有任何人比他更會訓練士兵……雖然他自己不會作戰，他卻很會訓練別人作戰。」總統曉得，他必會因馬克廉的復職而遭人們責難。果然——多方責難，連內閣都反對。史坦登和蔡斯甚至說，他們寧願李攻佔華盛頓，也不願見這位賣國賊帶領軍隊。林肯見他們這樣激烈的反對，異常傷心，便說只要內閣通過，他一定引咎辭職。

幾個月後，安地潭戰役之後，馬克廉堅決反對林肯的命令，不肯乘勝追擊李的軍隊，於是，他遭到革職，從此結束了他的軍人生涯。

波多馬克河區必須再找一個領袖。他是誰呢？他在何處呢？沒有人知道。

絕望之餘，林肯把軍隊交給龐塞多。他並無領兵能力，他自己也知道。他兩度推辭，當他被迫受命時，竟然哭了。他於是統領軍隊，冒然地進攻李軍在菲勒利克斯堡的堡壘，而損失了一萬三千個士兵。士兵死得很冤枉，因為根本無一絲毫獲勝的希望啊！軍官及士兵都開始大批地逃亡。

於是，龐塞多也被革職，而軍隊又交給另一位吹牛者——「好戰喬」佛卡。

「上帝可憐李吧！」他誇口道：「因為我不會饒恕他的。」

他帶領他所謂的「全球最精銳的部隊」出去迎擊李。他的兵力較南方多一倍，但是李在查斯拉村大敗他，將他趕過河，殲滅了一萬七千人之多。

這是開戰以來最為慘敗的一次戰役。

發生在一八六三年五月；總統的祕書在記錄上寫道，那幾晚林肯徹夜不眠，他聽見林肯在房間裡不停地踱來踱去，叫嚷著：「完了！完了！一切都完了！」雖是如此，他還是前往菲勒利克斯堡，慰問「好戰喬」鼓舞士氣。

連著幾次慘敗下來，林肯飽受苛責；全國各地皆被憂鬱和失望所籠罩。

除了種種軍事憂傷外，更發生了一樁家庭悲劇。

林肯極疼愛的兩個小兒子，泰德和威利。他常在夏天黃昏，溜出去和他們一起

打球，當他從這一壘跑到另一壘時，衣尾在身後飛揚著。有時他會在白宮到國防部的路上，和他們沿路打彈子。夜晚，他喜歡在地板上和他們一同打滾跳躍。而風和日麗的日子，他會時常由白宮後門溜出去，和兩個兒子及他們的兩隻羊嬉戲。

泰德和威利把白宮搞得天翻地覆，組織歌劇團表演、叫僕人作軍事操練、又在那些謀差事的人當中鬼混。若是他們看中了某位求職者，他們會設法叫他立刻去見「老亞伯」。如果前門見不著，便引他走後門進來。

也和他們的父親一樣，不拘禮節，有一次內閣正在開會，他們也衝進去說大貓在地窟裏生了小貓。

還有一次，生性嚴肅的蔡斯非常生氣，因為當蔡斯正在討論嚴重的國家財政問題時，泰德居然在他父親身上亂爬，並爬上肩膀騎在他的頸子上。

有人送威利一匹小馬，他風雨無阻，每天一定騎它；結果著了涼，引起重傷風，發高燒。林肯夜夜守候於他的床邊；當威利死去時，他泣不成聲，叫嚷著：「我可憐的孩子！我可憐的孩子！他實在太好了，不適合留在人間，上帝叫他回去了。他的死，叫我難受，很難受！」

凱克雷夫人描述當時的情景：「他將頭埋在手裏，高大的身軀因感情激動而顫抖……死去的男孩面容蒼白，使林肯夫人渾身痙攣。她簡直傷心至極！竟然沒有參加葬禮。」

威利死後，林肯夫人不忍目睹他的照片。

凱克雷夫人告訴我們：「她一見到任何他所喜愛的東西便無法忍受，連一朵花也如此。人們送她許多講究的花球，她都渾身發抖而避開，不是放在一間她看不到的房裏，便是扔出窗外。她將威利所有的玩具都捐掉了……在他死後，她不曾再走進他臨死所睡的那間客房，更不走進他大殮時的演員休息室。」

在極度悲傷之餘，林肯夫人找來一位巫師，自稱是「柯傑斯特爵士」。這個偽裝者事後被人識破，在入獄的威脅下遭驅逐出城。但當時林肯夫人在白宮接見了這位「柯傑斯特爵士」；在一間黑暗的房間裏，她竟然深信，那抓壁聲、拍牆聲以及敲桌聲都是她愛子的口信。她聽到時便放聲大哭。

林肯憂傷過度，整天無精打采地發愁，他幾乎無法辦理他的公務。信件、電報，放在桌上均未批准回覆。他的醫生深怕他無法平復，永遠為憂傷所困。

林肯時常坐著高聲朗誦莎士比亞幾個小時，只有他的祕書或侍從武官為聽眾。有一天他對著他的侍從武官唸著《約翰王》，唸到康斯坦斯哭亡兒的一段時，林肯闔上書，背誦下面的詩句：

主教神父啊！我曾聽你說，
在天上我們能重見親友；
當真如此，我將再見到我兒呀！

「上校，你是否曾夢見已去世的朋友？」林肯問道：「夢中和他交談甚歡，但仍意識到那並非真實，我時常這樣夢見我的兒子威利呢！」說完便埋首於桌上，大聲的哭泣。

21

林肯的內閣，也和軍隊一樣彼此嫉妒不和。

國務卿西華德，以「內閣總理」自居，看不起其餘的內閣人員，干涉他們的行政，而引起他們很大的反感。

財政部長蔡斯，蔑視西華德，恨透馬克廉將軍，怨恨國防部長史坦登，又憎惡郵政總局局長布烈爾。

布烈爾呢？用林肯的話來說就是「到處去攪局」，更誇口說，他「一挑戰便可置人於死地」。他指責西華德是個「無主見的說謊者！」而始終不肯和他有任何往來；至於史坦登和蔡斯呢？他總是不屑和這些無賴之徒講話——即使是在開內閣會議時也儘量避免。

布烈爾因到處挑釁，終於置自己於死地了——在政治生涯。他結怨太深也太多，林肯只得請他辭職了。

內閣到處充滿憎恨。

副總統漢尼巴・漢林，不肯和海軍部長基甸・威爾斯說話；而威爾斯呢？頭上戴著假髮，滿嘴白鬍鬚，常寫著日記，而每一頁的記載幾乎把他所有的同僚抨擊得一文不值。威爾斯特別憎恨威廉・西華德以及史坦登兩人。

至於暴躁無理的史坦登，更是他最懷恨的人。他輕蔑蔡斯、威爾斯、布烈爾、林肯夫人，以至於任何人。

「他從來不會為人著想。」格蘭特說道：「他拒絕人家的要求時，遠比允許時還要快樂的多。」

雪曼恨透了史坦登，於是有一次在閱兵台上當眾給他難堪，十年後他撰寫回憶錄時，還頗為得意的述說。「我走向史坦登先生時，」雪曼說道：「他對我伸出手，給我當眾拒絕了，那件事是全國皆知的。」

很少人像史坦登這般被人毒恨。

雖然，這位樸素不文，愛說故事的西部人，是他們的上司，但又算老幾呢？

他是政治上的意外產物，一個「冷門」，乘機而入，把他們給擠了下來。

司法部長貝特斯，在一八六〇年希望被提名競選總統；在他的日記裡寫著，共和黨犯了最嚴重的錯誤」——提名林肯，他是個「沒有意志和宗教」、「沒有指揮能力」的人。

蔡斯也希望自己被提名；他畢生以「一種仁慈的輕蔑」來對待林肯。

西華德也足滿腹牢騷：「失望？你向我提起失望？」他有一次踱著方步向一位朋友嚷道：「我本來是共和黨提名的總統候選人，如今機會卻讓給了伊利諾州的一個小律師啊！」

「你還向我提起失望！」

西華德知道當初若不是賀瑞斯·格利列來搗亂，他早已當選總統了。他曉得如何處理政務，他已有二十年的行政經驗。

林肯曾做過什麼事呢？除了在新沙連一家雜貨店管賬之外，什麼事也沒做過，而且店舖還被管垮了。他還管過一個郵政局，那是把信裝在帽子裏到處跑的工作。

那就是這位「草原政客」的行政經驗。

如今他坐在白宮裏，舉止無措一片慌亂，凡事任其拖延，毫無條理，國家已瀕臨大亂。

西華德相信——還有更多人也相信——要他擔任國務卿就是要他當政，林肯只不過是個傀儡。人們稱呼他為內閣總理，他很愛聽，他相信只有他才能拯救美國。

「我會努力，」當他接受命令時說道：「拯救自由以及我的國家。」

林肯就職後不到五個星期，西華德便送給他一份傲慢的備忘錄，可真是驚人之筆！簡直萬分無理！有史以來，從未有一個閣員送過這樣傲慢無禮的公文給一位總統。

「我們執政已經一個月，」西華德劈頭便說：「迄今內政外交尚無定策。」然後自以為有超人一等的智慧，能批評這位曾在新沙連開過雜貨店的人，並且告訴他應該如何治國。

最後，他索性厚著臉皮建議林肯以後不必管事，只要他來當政就好了，以免國家滅亡。西華德有項建議，簡直荒謬狂妄，致使林肯為之駭然！西華德不贊同法國和西班牙在墨西哥的行動，於是他建議林肯促請兩國注意。對了，還有英國和俄國。假如「不能得到圓滿的答覆」——你猜他怎麼打算？

宣戰？是呀！一個內戰似乎還不能令這位政治家滿意。他還想要多方面開戰！

他真的寫了一篇傲慢的通牒給英國——一封充滿著警告、威脅和侮辱的通牒。如果林肯沒把那些最不客氣的文句刪掉，將其他字句改為緩和的語氣，也許真會引起戰爭。

西華德一邊開鼻煙，一邊宣稱他希望有個歐洲強國來干預並保護南卡羅來納州，因為這樣一來，北方就可「攻擊這個強國」，而所有南方聯盟，也會來幫忙攻打強敵。

幾乎真和英國打了起來，因為一艘北方的軍艦，在公海上公然攔截一艘英國郵船，捉走兩個要赴英法兩國的南方官員，並將他們囚進波士頓的監獄裏。英國開始準備作戰，載運著成萬的軍隊渡過大西洋，在加拿大登陸，預備和北方開戰。雖然林肯承認這是他生平最難堪的一次，他都不得不釋放南方聯邦官員，並表示歉意。

西華德的一些狂妄思想，每每令林肯大驚。最初林肯頗以自己沒有行政經驗為慮，深怕自己應付不了如此龐大且艱鉅的重任。他需要幫助——智慧和指導，他最初任命西華德就是為了這些原因，結果呢？

華盛頓全城都謠傳西華德把持政權，這可傷了林肯夫人的自尊心，令她大怒！眼裡充滿著怒火，她要求她那位謙虛的丈夫，維持自己的權勢。

「也許我自己不會治理國家，」林肯對她保證：「但西華德並不能代我而治；我唯一的主宰便是我的良知和我的上帝，這些人遲早會明白的。」

後來，他們果然全都明白了這一點。

蔡斯是內閣裏的英才，英俊瀟灑，六呎二吋高，一看就令人悅服；有修養，熟

讀古典文學，精通三國語吉，他的愛女是華盛頓最漂亮又最得人緣的女主人。老實說，他看到一個白宮主人不曉得如何訂菜單，真是大感驚愕！

蔡斯信教態度非常虔誠，他星期日總要做三次禮拜，在洗浴時背誦詩篇，是他將「信任上帝」四個字刻在美國硬幣上的。每晚就寢前他必定讀聖經和一本講道的書，所以他全然不能了解一位每晚臨睡前看幽默文集和雜文集的總統。

林肯的幽默風趣，經常激怒蔡斯。

有一天，林肯在伊利諾州的一位朋友來訪。門房向他打量一番，回答說內閣正在開會，總統不能見客。

「沒關係，」客人回答道：「你只要去向林肯說，奧蘭德來了，要講個口吃法官的笑話，他會見我的。」

林肯立刻請他進來，和他熱烈的握手言歡，並向大家說：

「諸位！這位是我的老友奧蘭德，他正想講個口吃法官的笑話給我們聽。這是個很有趣的故事，公事先放在一邊吧！」

於是，嚴肅的官員們和國家大事只得暫時等著，奧蘭德只顧著說他的笑話，林肯則盡情地大笑一場。蔡斯氣極了！他為國家的前途而擔憂，他抱怨林肯「把戰事當成笑話」，簡直是將國家送進「破產和毀滅的深淵中」。

蔡斯嫉妒心極重，他想做國務卿，為什麼林肯不請他做呢？為什麼他被輕忽呢？為什麼那個要職竟歸於傲慢的西華德呢？為什麼他僅被任命為財政部長呢？他滿腹怨恨。

如今他只好屈居第三位了。好吧，他一定要給他們點顏色看；一八六四年的總統大選就要屆臨了，這一次他決意要自己坐鎮白宮。他對其他的事都不去想，只是全心全意投入林肯所謂的「蔡斯對於總統職位之瘋狂追求」。

當著林肯的面，假裝是他的友人；但是背著林肯，蔡斯實在是這位總統暗地裏的死對頭。林肯常常因訂定政策而不得不得罪一些有勢力的人，蔡斯便趕快跑到那些不高興的犧牲者面前，向他們表示同情，並說他們是合理的，挑撥他們對林肯的憤怒，並且說服他們，若是沙爾門・蔡斯當權的話，他們必能得到公平的處理。

「蔡斯就像是一隻金頭蒼蠅，」林肯說過：「只要有一點腐壞的地方，他就會下蛋。」

多少個月來林肯曉得這一切；但他仍以豁達慷慨的風度，置本身之權力於不顧，他說：「蔡斯是個很能幹的人，但在總統職位的問題上，我認為他多少有點瘋狂。他近來舉止失當，而人家對我說：『現在正是攆他走的時候了。』唔，我是不贊同把任何人攆走的，只要他有才幹、能做事，我主張讓他去做。所以我已決意，

只要他盡到財政部長的責任，至於他狂熱抨擊白宮的事，我只得視若無睹。」

然而，情形愈來愈壞，只要事情一不如意，蔡斯便遞辭呈，連著五次，每次林肯總是去看他，勸慰他復職。終於，連最能容忍的林肯也火大了。他們彼此間交惡之深，致使雙方都不願意相互見面。於是，在另一次蔡斯又遞上辭呈時，林肯便批准了。蔡斯大吃一驚，這一下他可弄僵了。

參議院的財政委員會集體趕到白宮，他們提出抗議，蔡斯離職將是國會的損失。林肯傾聽著，讓他們儘量講。然後他述說他和蔡斯之間的許多痛苦經驗；說蔡斯一直想要當權，不願接受他的指揮。

「他若不是有意要惹我……」林肯說：「就是要我拍拍他的肩膀留他。我認為不該這樣做，所以我就依他的意思。但他當閣員的貢獻已經中止了，我決定不再維持這層關係。若是有必要的話，我願意辭去總統的職位。我寧願返回伊利諾州的老家，拿起斧頭來賺飯吃，也不願再忍受目前的情況。」

不過，林肯對於這位曾經凌辱輕視他的人作何評價呢？「在我所認識的大人物中，蔡斯算得上是他們之間最好的一個。」

儘管彼此間發生嫌隙，林肯還是做了一件在他畢生中，極美德、極豁達的決定。他授予蔡斯美國總統權力內最榮耀的職位，他聘請他為美國最高法院院長。

然而，若比起那凶暴的史坦登，蔡斯只能算是一隻溫馴的小貓。短小精悍，體格壯似牛，史坦登的確具有這種動物凶猛及狂暴的性情。

他一生的行徑都是冒失而逾越常軌。他的父親是位醫生。曾把人的骨架掛在孩子嬉戲的倉庫裏，期望這個孩子將來也當個醫生，年輕的史坦登曾向他的同伴講述骨架的事，談論摩西、地獄之火及洪水；後來突然到俄亥俄州哥倫布城，去當一家書店的伙計。他寄宿在別人家，有一天早晨他離家之後不久，房東的女兒因染患霍亂死去，當史坦登晚上回來吃飯時，她早已下葬了。他卻堅拒不信。深怕她被活埋了，找一把鏟子趕到墓地，一連挖了好幾小時，將她的屍體挖出來。

多年以後，他因女兒露茜的死，憂傷過度，在她已埋葬了十三個月後，重新把她的屍體挖掘出來，放在他的寢室裏有一年多。

史坦登夫人去世後，他將她的睡衣和睡帽，每晚擺在自己身邊，哭泣不已。

他是個怪人，有些人說他是瘋子。

林肯和史坦登初次見面，是為了一件專賣特許權的案子，當時他們兩人和費城的喬治·哈定，都是被告的顧問。林肯把案件仔仔細細研究過，花了許多心血和精神，準備要發言。但是史坦登和哈定看不起他，不准他在開庭時發言。

林肯給他們一人一份講辭的副本，但他們認為那是「毫無價值的」，連看都不

看一眼。他們不肯和林肯一起出入法庭，不肯讓他進入他們的房間，甚至不肯和他同桌共餐，他們當他是不入流的人。

史坦登說過——林肯親耳聽到：「我絕不和這樣一個討厭、笨拙的長臂猿來往；倘若不能找到一個有紳士風度的人，和我一起處理這個案件，我寧願放棄。」

「從未有人像史坦登那樣輕視我。」林肯說。他回家後傷心欲絕，又再次陷人極度的憂鬱中。

林肯當選總統後，史坦登對他的厭惡和蔑視更深，他稱林肯是「一個痛苦的低能者」，宣稱他毫無能力治理國家，又說他應該被一個軍事獨裁者驅逐出去。史坦登一再地宣稱，杜查理是個傻瓜，大老遠跑到非洲去尋找大猩猩，其實，真正的大猩猩正坐在白宮裡抓癢呢！

在他寫給布坎南的幾封信中，將總統貶得一文不值，其字句不雅不便重述。

林肯於就職十個月以後，國家發生了一件重大貪污案。政府被剝削！損失幾百萬元，暴利者！不誠實的軍火合同！諸如此類，舉國嘩然！

而且，林肯和國防部長西門・凱麥隆，對於是否徵調黑奴服役的問題，意見相左。林肯要求凱麥隆辭職，他必須另找新人主持國防部。林肯曉得這個決定關係著國家的命運。他也確知該聘請何人，因此林肯對一個朋友說道：

「我已下定決心要忍氣吞聲——也許我的自尊心會遭欺凌——但我已決定聘請史坦登為國防部長。」——這實在是林肯極聰明的決定之一。

史坦登在國防部辦公室裏站著，發號施令有如旋風，全體職員戰戰兢兢，猶如小鬼見閻王一般，夜以繼日地工作，不敢回家，吃住均在辦公室。他恨透了那班充斥軍隊遊手好閒、工作低能的軍官！

而他不管前後左右，隨處開砲。

連咒帶罵，侮蔑那些好管閒事的國會議員。他向那些不老實的包商不停地開戰，違背國法而不顧，甚至逮捕某些將領，將他們關進監獄中數月，不加審問。他教訓馬克廉猶如一個小兵，逼他打仗，他咒罵著說：「波多馬克河區的美酒佳餚必須停止！」他管制全國的鐵路、電報線路，連林肯收發電報亦須經過國防部；統轄了全國的軍隊，連格蘭特將軍對副官處所下的命令，都要經過他的允許。

多年來史坦登一直鬧頭痛，又罹患氣喘和消化不良症。

但是，他抱著專心一致的熱忱只為一件事：亂吵亂打直到南方重返聯邦為止。林肯為了這個目標，願意忍受一切。

有一天，一位國會議員勸誘總統給他一個命令調動某些軍團的兵。他拿著命令匆匆忙忙地跑到國防部，就放在史坦登的桌上，但史坦登暴叫著說，他絕不照辦。

「可是，」那個政客抗議道：「你忘了我有總統的命令啊！」

「如果總統給了你這道命令，」史坦登駁道：「他便是個傻瓜。」

那位國會議員趕忙回來找林肯，以為他會大怒，而將國防部長革職。

但林肯聽完事情的始末，目露笑意，說：「如果史坦登說我是個傻瓜，我大概就是傻瓜，因為他多半是對的。我自己去看看。」

他果然去了，史坦登說服他下這個命令是錯的，林肯立刻收回成命。

「我不能再給史坦登先生添麻煩。」他說：「他的職責是全世界最困難的，在軍隊裏成千的人們責罵他，因為他們不得升遷。幾千人埋怨他，因為他們未得任用。他所受的壓力是無法估計而又無止境的。他好像是我們國家海洋沙灘上的一塊岩石，不斷地受浪濤打擊。他擊退怒潮，不讓它們侵蝕大陸。我不明白他如何繼續生存而不曾被打成碎塊。沒有他，我必遭失敗。」

然而有時，總統也有堅決的時候。那時——可要當心囉！倘若「老戰神」說他不肯照辦，林肯便很安詳地答道：「我看，部長先生，你還是必須照辦。」於是，他果然照辦了。

有一次，他下了一道命令，如此說：「不用『假如』、『而且』或『但是』，艾利爾・賴斯上校必須晉升為美國陸軍准將——亞伯拉罕・林肯。」

又有一次他寫條子給史坦登，要他任用某人：「不管他是否知道凱撒大帝頭髮的顏色。」

到後來，史坦登和西華德以及許多最初謾罵輕視林肯的人，都漸漸尊敬他了。

當林肯躺在福特戲院對面那棟公寓裏垂死時，這位鐵人史坦登，從前罵他為「一個痛苦的低能者」卻說：「這裏躺著全世界有史以來，最偉大的人類領袖。」

海約翰，林肯的祕書之一，曾經敘述過林肯在白宮裏的工作態度——

他極度不講究規律，四年來，尼哥萊和我不斷努力，要他採用一些有系統的規律；每次規則剛定好，他都立刻破壞掉。任何使他和人民群眾隔離的事，他都不准；雖然百姓常用一些無理的抱怨和要求，使他不得安寧。

他很少寫信，所接到的書信中，看過的不到五十分之一。首先我們設法引起他的注意，到後來，他將所有的信件交給我，連我替他擬的信件，他看也不看就簽字了。

他一星期至多寫半打信。

當總統有些外地寄來的重要信件，需要處理時，他也難得寫信，大半是差遣尼哥萊或我跑一趟。

平常他約十時或十一時就寢……而甚早起床。當他住在鄉間士兵之家時，一早起來，穿好衣服，吃完早餐（那是極簡單的，一個蛋，一片烤麵包，咖啡而已。）在八時以前，必定乘專車抵達華盛頓了。冬天，在白宮裏，他起床較晚。他睡得不好，都在床上消磨好多時間……

中餐，他吃一片餅乾，冬天則喝一杯牛奶，夏天就吃一些水果或葡萄……他飲食有度——比我認識的任何人吃得還少。

除了水以外，他一概不喝，並非為了誡條，只因他不愛喝任何酒……

有時他會跑去聽一場演講或音樂會，藉此稍微休息一下……

他很少看書，他更難得去翻閱一下報紙，除非我提醒他注意某些特殊問題的專論。他常說：「我比他們任何人懂得多。」要說他是個謙虛的人，未免可笑！沒有一位偉人是真正謙卑的。

22

你若問一般的美國公民，為什麼會有南北戰爭？

他們多半回答：「為了解放黑奴。」是嗎？

讓我們看看吧！

以下是從林肯第一次就職總統的演說稿摘錄出來的：「我無意直接或間接地干涉國內現有的蓄奴制度，我相信在法律上我無權干涉，我也無意如此做。」

事實上，林肯未發表解放宣言以前，南北戰爭開火已有十八個月之久了，死傷者到處呻吟。在那一段時期，激進份子和廢奴主義早已催促他立即採取行動，在各報章上指責他，公開演說詆毀他。

有一次，一位芝加哥牧師代表來到白宮，帶著他所謂的「全能上帝的命令」，要他立刻解放黑奴。林肯告訴他們，上帝若有任何指示，他必定會直接送到白宮來，用不著繞道芝加哥。

最後，賀瑞斯・格利列，被林肯的拖延和不行動所惱，在一篇「兩千萬人的祈禱」專論中對總統大肆抨擊。兩大欄都充滿著激烈的怨言。

林肯對格利列的答辭，乃是軍事論文的典範——清晰、簡潔、有力。他結束時用了這些值得記憶的字句：

「在這次爭鬥中，我主要目的是挽救聯邦，而不是要保存或破壞蓄奴制度。假若不必解放黑奴而能挽救聯邦，若我有所容忍，那是因為我相信容忍將有助於挽救聯邦。如果我認為我的行動將有損於正義，我將減少行動。但如果我認為我的行動有助於正義，我將增加行動。若有所過失時，我將設法糾正。但新的意義若是真理，則我將隨時採納。以上我所談的，是我對於職務上的責任和觀點。我並無意改變平日我常講的個人的願望：願世界所有人類都平等。」

林肯相信假若他挽救了聯邦，阻止蓄奴制度的蔓延，那麼到了相當時期，蓄奴制度必然自行解除。但假若聯邦破裂了，那麼這制度也許還要延續幾百年呢！

有四個蓄奴州歸附於北方，林肯深知，倘若在爭執中太早發表解放宣言的話，將會使他們歸附南方聯盟，加強南方的力量，或許聯邦因而永遠滅亡。當時有一種說法：「林肯固然要和上帝站在同一邊，但是他必須得到肯塔基州。」

於是，他等待適當時機，謹慎行動。

他本身就是與世居南方邊界的蓄奴家庭聯姻，他的妻子從他父親手中所得的財產中，就有一部分是販賣奴隸所得的錢。他唯一最親密的朋友——施畢特——也是來自蓄奴的家庭。林肯同情南方的觀點；此外，他還具有律師的傳統——對於憲法、法律以及產業的尊敬。他不想給任何人為難。

他認為蓄奴制度的存在，北方和南方同樣有責任。要廢除這制度，雙方應同時負起重擔。於是他擬訂了一項比較合理的計劃，按照這計劃，凡是忠於聯邦的蓄奴州，奴主每解放一名奴隸，便可得到四百元。奴隸的解放是緩慢的，整個計劃的推進，直到一九〇〇年一月一日才完成。他將那些邊界幾州的代表請到白宮，他要求他們接受他所建議的。

「此計劃所企圖改變的，」林肯指出：「是和平的，有如天降甘露，絕不致破壞或毀滅任何事物。你們還不願接受嗎？從前未有一項努力能夠實現那樣多的善舉，但如今按照上帝的旨意，你們有極大的權力來實行了。但願後世子孫，不必因你們置之不理而歎息。」

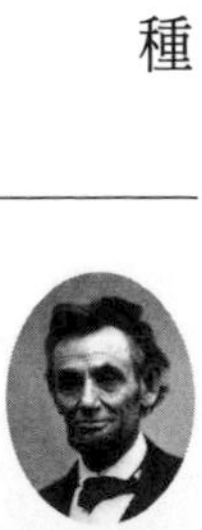

「但是他們竟然置之不理，我必須救這個政府。」他說：「這一次我要大家永遠明白，我絕不會輕易放棄，我將用盡一切我所辦得到的手段……我相信解放黑奴和黑人從軍，已成為必要的軍事措施，我已經被迫在這措施和放棄聯邦兩者之間做選擇。」

他必須立即行動，因為英、法兩國幾乎要承認南方聯盟了。

為什麼呢？理由很簡單。

先拿法國來說吧！拿破崙三世新娶了德巴伯爵夫人，她被稱為世界上最美麗的夫人，而他正想炫耀一番呢！他渴望能和他的伯父拿破崙一世一樣，集榮耀於一身。因此，當他看見美國南北各州彼此開戰大動干戈，知道他們已無暇實行「門羅主義」了，他下令派兵進駐墨西哥，射殺了幾千個土人，征服了那個國家，稱墨西哥為法屬帝國，而且指派麥西米蘭大公登皇位。

拿破崙三世相信，假若南方聯盟得勝，將有利於他的新興帝國。但假若北方聯邦獲勝，美國必然會立刻採取行動，將法國人逐出墨西哥。因此，拿破崙三世希望南方順利地脫離聯邦，他願意盡力幫忙。

戰爭一開始，北方的海軍便封鎖了南方所有的港口，看守著一百八十九個港口，並巡邏九千六百十四哩的海岸線、海峽、小港和河流。

那是有史以來規模最大的封鎖。

南方被圍困得毫無辦法。他們賣不出棉花，又無法買進槍枝、彈藥、皮鞋、醫藥用品或食物。他們將栗子和棉子煮沸了代替咖啡，又把黑莓葉片和梓木樹根合熬來代替茶水。新聞印在糊牆的紙上。燻肉房的地板，因飽浸鹹肉油，被掘出來，煮開製鹽。教堂的鐘被熔化去鑄造大砲。李奇蒙的電車軌道被拆開，去製造砲艦上的甲板。

南方聯盟無法修復鐵路或購買新器材，以致交通運輸為之停頓。原來在喬治亞每蒲石（約合三斗餘）兩塊錢可買到的玉米，在李奇蒙卻要賣到十五塊錢。維吉尼亞的人民已開始鬧飢荒了。

必須要立刻想個辦法，因此南方向拿破崙三世求援，只要他肯承認南方聯盟，並且派法國艦隊來解除封鎖，聯盟願以一千二百萬元的棉花為酬。此外，他們又答應要向法國訂購大量的貨物，使法國每家工廠都日夜開工。

於是，拿破崙三世極力想慫恿俄國及英國和他一同承認南方聯盟。那些掌權的英國貴族肯們，把他們的單片眼鏡戴好，喝著威士忌酒，聚精會神，聆聽拿破崙三世的建議。

美國實在變得太富強，而令他們不悅。他們要看那個國家分裂，聯邦崩潰。而且，他們也極需南方的棉花，英國許多工廠都已倒閉，有一百萬的人民失業，而且貧苦近於乞丐。孩子們哭著要吃東西，上百個人餓死。為英國飢民募捐的運動，遍及全球，連遠方貧苦的印度和中國也包括在內。

如今有一條生路，且是唯一的路，可令英國獲得棉花，而那就是和拿破崙三世同時承認南方聯盟，解除封鎖。

果真如此的話，對美國將有何影響呢？南方即可得到槍砲、火藥、借款、食物、織路器材，以及民心士氣上的大振奮。

那末，北方又得些什麼呢？就是兩個強而有力的敵人。目前的情況已夠惡劣，到那時將變為更絕望的局面。

沒有人比林肯更了解這個情形。他於一八六一年便坦白承認了：「我們最後的手段將用盡。」、「我們必須立刻改變目前的策略，否則必將失敗。」

在英國看來，這些殖民地原本都是從她脫離出來的。如今輪到南方的殖民地要脫離北方，但是北方正積極地想制伏她呢！在倫敦的爵士或巴黎的皇子看來，田納西州或德克薩斯州要聽命於華盛頓或李奇蒙，都毫無差別。在他們看來，這場戰爭是毫無意義又沒有任何崇高的使命。

「在我們這一代的戰爭中，」卡萊爾（編按・英國文史學家）寫道：「這是最愚蠢的一場戰爭。」

林肯深知他必須要改變歐洲對於戰爭的看法，他曉得該如此做。在歐洲至少有一百萬人讀過《黑奴籲天錄》——並且哭泣過，因而憎惡蓄奴制度的殘忍和不人道。林肯知道，假若他發布解放宣言，歐洲人對這場戰爭必將改變看法。將不再是為維持與他們毫無關係的聯邦而血戰，相反地，將一變而為打倒蓄奴制度的一場聖戰了。歐洲政府將不敢承認南方聯盟，也不敢支援南方聯盟任何物資。

所以，一八六二年七月間，林肯終於決意發布他的宣言，但是馬克廉和波普卻連連慘敗。

西華德勸告總統現在不是時候，最好再等一次捷報傳來，才發表這項宣言。這個意見很有道理，於是林肯等著，兩個月後果然打了勝仗。然後林肯就召集內閣，討論發表這篇自從美國獨立宣言以來最著名的文件。

這是一個劃時代的局面——極重要的一刻。但是林肯有沒有莊重嚴肅地行事呢？並沒有。他隨時碰到一則好笑的事，總要說給別人聽。他經常帶著一本華德（幽默作家及報人）的著作在床上，每當看到了好笑的故事，他便起床來，穿著睡衣，穿過白宮的長廊，到祕書的辦公室，唸給他們聽。

在預定召集內閣討論發表宣言的前一晚，林肯正好得到華德的新書。裏面有一

個故事，他認為很好笑。於是，趁著大家還沒有討論正事之前，先講給他們聽，故事名叫「幽地基的高壓暴行」。

等他笑完後，就把書撇在一邊，鄭重其事地說道：「當叛軍還在菲勒利克時，我已決定，一驅逐他們出馬里蘭，便立刻發布這篇解放宣言。我未曾對任何人說起，但我對我自己說——以及對我的創造主許下諾言。叛軍已被驅逐出境，所以我要履行我的諾言了。我請各位齊聚來聽我的講解，我不希望你們再給我什麼建議，因為我已下定決心。我所寫的講辭是我再三熟慮後決定要說的，假如我所用的措辭，或是任何小節上有不妥之處，你們認為有修改的必要，我很樂意接受建議。」

西華德在措辭上建議了一點小改變。經過幾分鐘後，他又提出一項建議。

林肯質問他，為什麼不同時提出兩項建議。然後林肯臨時中斷解放宣言的討論，而另講一則故事。他說從前在印第安納有一個傭工向他的傭主報告，說他最好的一對雄牛有一隻死了。過了一會兒，那個傭工又說：「另一隻也死了。」

「你為什麼不同時告訴我呢？」農夫質問。

「唔……」傭工答道：「我不願意一次告訴你，怕你太傷心了。」

一八六二年九月，林肯將宣言向內閣發表，但直到一八六三年一月一日才正式生效。國會在十二月開會的時候，林肯向他們呼籲支援。在演說時，他說了一句最美的詩句——自然流露的詩句。

講到聯邦，他說道：

「我們將崇高地挽救或鄙賤地喪失世界上最後及最好的希望。」

一八六三年元旦，林肯花了好幾個小時和白宮的無數賓客握手。那天下午，他回到辦公室，把筆蘸入墨水，就準備在自由宣言上簽字。遲疑片刻，他轉向西華德說道：「如果蓄奴制度不算錯，那世上便沒有錯的事了，我平生從未如此確信過，我所做的是對的。但是從今天早上九時到現在，我一直在會客和握手，手臂已僵硬麻木了。這一次的簽字，他們將會仔細觀察，假若他們發現我的手發抖過，他們就會說：『他有一點後悔了。』」

這項宣言在當時沒有得到普遍贊同。「唯一的效果是……」奧比爾・布朗寧，即林肯的好友及強有力的支持者，曾經寫道：「使南方團結起來同表憤慨，北方陷入迷亂或分裂。」

軍隊叛變，那些為挽救聯邦而入伍的士兵，他們絕不願為解放黑奴而使黑奴們與自己社會地位平等而死。成千成萬的士兵逃跑，徵兵到處行不通。

原本支持林肯的平民，也對他大失所望。秋季選舉情形並不樂觀，連他的故里

伊利諾州也背棄了共和黨。

不久，選舉失敗，戰局慘變——龐塞多在菲勒利克斯堡，有勇無謀地攻擊李軍，造成一萬三千人的傷亡，是一次愚蠢又無益的屠殺。這類事件在以往十八個月中不斷重演，難道永不停止嗎？全國為之愕然，人民陷人絕望中。總統到處被人責罵，他慘敗了，他的將領、政策都慘告失敗，人民不能再忍受，連共和黨的參議員都背叛了他。而且，為了逼林肯退出白宮，他們去拜見他，要求他改變政策，並開除全體閣員。

這是一次極難堪的打擊，林肯承認這是他政治生涯中最重大的一次打擊。

賀瑞斯・格利列如今也非常懊悔在一八六〇年迫使共和黨提名林肯。

他承認：「這是我畢生最大的錯誤。」

格利列和一些有地位的共和黨員發起了一個運動，目的如下：逼林肯辭職，讓副總統漢林入白宮執政，然後再強迫漢林把指揮北方聯軍的權力交給羅斯克蘭。

「我們現在已瀕臨毀滅邊緣了，」林肯承認：「看來似乎連上帝也和我作對，我簡直看不到一線希望！」

23

一八六三年的春天，李將軍被捷報頻傳所惑而盲動，決心要採取攻勢侵犯北方。他計劃奪取賓州那些富庶地帶的工業中心，以獲得食物、藥品和新衣服，補給他那些已襤褸不堪的軍隊，以為也許能佔領華盛頓，然後強迫英法承認南方聯盟。

這是大膽又冒險的舉動！是的，但南方軍隊誇口說，一個南方聯盟軍能打敗三個北方佬，他們堅信如此，所以當他們的軍官告訴他們，到了賓州一天可吃兩頓牛肉，他們都心急著要立刻動身。

在離開李奇蒙之前，李將軍接獲一封不好的家信。一件可怕的事情發生了！他有一個女兒偷看小說被發現了。這位大將軍頓感不安，於是他寫信勸她，有空閒時多讀讀柏拉圖、荷馬或浦魯塔克的「傳記」。寫完信後，李照例讀聖經，跪下禱告；然後吹滅蠟燭就寢……

第二天，他帶領七萬五千人出發。他的軍隊衝過波多馬克河，全國陷人驚惶。

農夫們匆忙驅趕牛馬逃出了甘巴蘭谷；黑人生怕再被抓回去當奴隸，嚇得眼睛轉白，懼怕而逃。

李軍的砲兵已向哈利斯堡開火，忽然聽到北方聯軍威脅要切斷他們的交通線路，於是就像一隻怒牛轉身襲擊在牠身後狂吠的狗一般，他急忙領兵回擊。正巧，牛狗相會於賓州一座設有學院的小村落裏，村名叫蓋茨堡，造成美國歷史上最著名的一次戰役。

開戰兩天北方損失兩萬人；第三天，李將軍希望喬治・畢格特將軍所率領的生力軍向敵軍做最後猛攻並予以粉碎。

這是李將軍的新戰略，到日前為止，他的軍隊總是躲在城牆的背後或樹林中作戰。現在，他卻計劃露臉大幹一場。

這戰略令李將軍手下最幹練的助手隆司德力將軍驚惶失措。

「天哪！」隆司德力嘆道：「李將軍你看，我們的陣線和北方佬的陣線間有多少阻礙——「險山重重，一列列的砲壘，一道道的防線。況且我們是以步兵在對抗他們的砲兵啊！而看我們衝鋒時的陣地，幾乎有一哩長的曠野，都在他們的槍砲射程下，依我看來，從未有一萬五千名士兵能夠在這種情形下進攻的。」

但是李將軍不聽勸告。「以前從未有士氣如此激昂的士兵！」他答道：「如有良好領導，他們可以到任何地方做任何事情。」如此，李將軍堅持己見，他的軍事生涯從此鑄下無法挽回的大錯。

南方聯盟軍已集中了一百五十尊大砲在神學院山附近。今天你若去參觀蓋茨堡，必然可看見那些大砲，像當年七月那不幸的下午所擺列的一樣，作為掩護步兵衝鋒的砲火，這是前所未聞的戰略。

隆司德力這一次的判斷比李將軍正確，他相信衝鋒除了造成無謂的殘殺外別無所得；因此他獨自哭泣，不肯下達軍令；於是，別的軍官替他發令。為服從命令，喬治·畢格特將軍就率領他的南軍，做了一次西方史上最緊張最淒慘的衝鋒。

說也奇怪，這一位向聯邦軍衝鋒的將軍都是林肯的老友。事實上，也是因林肯的幫助，他才得以進西點軍校的。這位畢格特是一個風頭人物，他留著長髮，赤褐色的頭髮幾乎垂肩；像拿破崙在義大利作戰時一般，他幾乎每天在戰場上寫熱烈的情書。那天中午，他斜戴軍帽，意氣飛揚地騎馬衝向聯邦軍的陣線時，他那忠貞的部隊都向他歡呼，他們歡呼著隨他前進，隊伍整齊，旗幟飄揚，刺刀在陽光中閃爍，真是壯觀、英勇、偉大！北方軍隊遠遠望見，都不覺暗地稱讚。

畢格特的部隊很輕鬆地前進，穿過果園、玉蜀黍田，跨過草原，渡過幽谷。敵方的砲火不斷地射擊，他們還是勇往向前，猛不可擋。

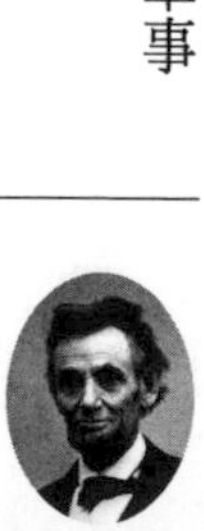

突然間，北方聯軍的砲兵從他們埋伏的公墓山後石牆衝上來，大肆攻擊畢格特那毫無防備的部隊。山峰上盡是一片火光，似同一處屠場，好像爆炸的火山。幾分鐘內，畢格特軍團中的司令官都已死傷，只剩一個，五千人中有五分之四都已陣亡。戰場上，火光漫天、戰煙四起。

阿米司特帶領著殘餘部隊作最後的衝鋒，自己，跑在前頭，跳越石牆，衝過敵軍防線。他把軍帽插在劍尖上揮舞著喊叫：

「弟兄們，奮勇殺敵吧！」

其餘的人也跟上來，跳過牆，用刺刀殺敵，以槍桿打敵人的頭顱，終於在公墓山峰上，插下南方聯盟的軍旗。

那些軍旗不過飄揚幾分鐘，然而這短短的幾分鐘已奠定了南方聯盟的最高峰。畢格特的衝鋒——光榮而勇敢——卻已成為結束的開端。李將軍慘敗，他無法攻破北軍，他自己也明白了。南方命運已經注定了。

當畢格特的殘軍，負傷回營時，李將軍騎著馬匹，親自出去迎接，給他們鼓勵，並自責不已。那偉大的精神，實為普通人所不及。

「這全都是我的錯，」他承認了：「是我打了敗仗。」

七月四日晚上，李將軍開始撤退。正好碰上滂沱大雨，當他抵達波多馬克河時，水位暴漲，無法渡河。李將軍進退兩難，前面河深不能渡，後面追兵將至，看起來，密特將軍可以擒擄他了。林肯很高興，他敢確定北方聯軍會抄南軍的後路，將李將軍的部隊包圍，戰爭便可勝利地結束了。當時若是格蘭特將軍領兵，結果也許是如此。

然而這位驕傲而學者派的密特，卻不像猛犬格蘭特！整整一星期，每天林肯總是再三地催促；吩咐密特要進攻，但是他顧忌太多，又太膽怯。他不想打仗，他猶豫不決。他打電報藉故多方推辭，他又直接違抗命令而召集戰略會議——他不採取行動，於是水位退了，李便撤走了。

林肯勃然大怒。

「這是什麼意思？」他嚷叫起來：「上帝啊！這是什麼意思?他們已在我們的掌握中，只需一伸手便可將他們擒住；但我方的軍隊部連一根手指也沒動。在那種情形下，即使再無能的將軍都可打敗南軍的。如果我在前線，一定自己生擒他！」

失望之餘，林肯便寫了封信給密特，其內容如下：

密特將軍：我相信你不曾注意到李將軍逃脫後的禍患有多嚴重！敵人本來在我們的掌握之中，只要善加利用這有利情勢追擊的話，便可一舉擊敗南軍，

而順利地把戰爭結束。然而，放棄了這大好機會，戰爭的終結就完全無法預料了。以閣下來說，上星期攻擊李將軍本是最安全的；現在，他已渡到對岸，要攻擊他是絕對不可能了。當日只要兵力的三分之二即可瓦解對方，現在是無法如此輕鬆了。我認為要期待閣下大有作為是很勉強的，事實上我並不敢期待。只因閣下放走了千載難逢的好機會，為此，我尚要吃無數的苦。

林肯自己又讀了一遍，然後向窗外出神凝望，他想：「假若我是在密特的處境下……」他自語著：「我的脾氣和他相同，又加上那麼多流血的慘狀，或許我也會讓李將軍跑掉吧！」

這封信不曾寄出，密特未曾讀到它。

林肯死後，在他的文件中，才發現這封信。

蓋茨堡戰役是在七月的第一個星期發生的；在戰場上死者六千，傷者兩萬七千餘。教堂、學校和穀倉都改為醫院；呻吟聲到處可聞。每小時就有幾十個人死去，在那酷熱天氣下，屍首很快就腐化了，埋葬工作隊必須加緊工作。掘墓都來不及；因此在許多情形下，只能在屍首處，蓋上一些土。但是幾陣大雨後，許多的屍體又半露出來。於是他們將北方軍隊的屍首收集起來，另外合葬在一處。

第二年秋天，公墓委員會決議要舉行獻地儀式，就邀請了全國最著名的演說家愛德華・愛維萊特到場致辭。

正式的請帖發出，邀請總統、內閣閣員、密特將軍、所有的國會議員、外交使節團的人員、名流紳士以及外交團體。很少人答應參加，許多人不曾回覆。

委員會絲毫沒有料想到總統會來。事實上，他們也不曾另寫邀請信，他也只收到一份印製的請帖。他們以為他的祕書大概會隨手扔進廢紙簍裏去。

當他寫信答覆，說他要親自參加儀式時，委員會為之一驚，同時也感到有點窘。這下怎麼辦呢？請他致辭嗎？有些人說他也許太忙，無暇顧及，沒有時間準備。還有人坦率地問：「就算他有時間，他有沒有那種本事呢？」他們深表懷疑。

不錯，他曾在伊利諾作過一次政見演說；但是為了陣亡將士公墓落成典禮致辭呢？不，那是不同的，林肯的作風不是這樣的。不過，既然他要來，總要有點表示。所以他們寫信問他，在愛維萊特致辭後，他是否願說「幾句得體的話」，這是他們的措辭——「幾句得體的話」！

這種邀請可說是近於侮辱，但是林肯還是接受了。為什麼呢？在那背後有一段故事。前一年的秋天，林肯曾經看過安提坦戰場；有一天下午，當他和一位伊利諾的老友華德・拉蒙駕車出遊，林肯便要求拉蒙，請他唱那首「悲哀小調」，這正是林肯愛聽的歌曲之一。

「好多次，在伊利諾巡迴出庭或在白宮裏，當林肯和我獨處時……」拉蒙說道：「我每唱出那首平凡的歌曲，便常見他流淚。」

歌詞這樣寫著——

倦鳥歸林，舊里重臨；兒時嬉地，大樹成蔭。
村人不識，誰知我心；廿年一日，懷我知音。
泉邊榆樹，爾留我名；伊人淑字，刻木同心。
伐者無情，枝折樹傾；生離死別，魂牽夢縈。
白髮蒼蒼，不堪回首；懷我佳人，忠貞自守。
聊表寸心，蒔花美酒；此恨此情，天長地久。

如今拉蒙唱的時候，也許林肯又想起他唯一的愛人安妮・羅特利基吧！想起她孤眠在伊利諾草原上，荒蕪的墳墓裏，這些強烈的記憶，令他垂淚。於是拉蒙唱起幽默的黑人歌曲，將憂鬱中的林肯喚醒。

這是當時的事實，那是無傷大雅，也很令人哀憐。但是林肯的政敵歪曲了事實，大造謠言，而設法要使這件事成為全國性的醜聞。他們將這件小事形容得粗劣不堪，紐約《世界日報》一連三個月，每天用不同的方式反覆刊載。林肯被指責在「嚴肅的戰場上，埋葬英勇的陣亡者時」，說笑話，唱滑稽歌曲。

事實上，他不曾說過笑話，也不曾唱過歌曲，這件小事發生時，他已遠離戰場，陣亡者早已安葬，這是事情的真相。但他的政敵不要事實，他們要挑撥，使全國發出野蠻的非難怒吼。

林肯心中很難受，每次讀到這類指責的文章總令他痛心疾首，但他又不願加以辯駁，因為這樣反而會將事情鬧得更大。於是他默默地忍受著，等到請他在蓋茨堡公墓落成儀式中演說的機會時，他便欣然接受了。那正是他所期盼的機會，使他的政敵不得再胡說，他要對那些榮譽的陣亡者，表示他謙卑的敬意。

邀請來得太慢，令他只能在忙碌的兩星期中抽空準備。一有空閒他就想，穿衣、剃鬍鬚、吃午餐時，以及從史坦登的辦公室到白宮的往返行程中，或是躺在國防部辦公室的皮長椅上，等待最近的軍事情報時，也在想。他在一張淡藍色的大頁紙上擬了一份草稿，然後塞進帽子裡隨身帶著。在致辭前的那個星期日他說過：「我起了兩三週稿，但還沒寫完，我還要再修改一次才算滿意。」

在落成典禮的前一晚，他抵達蓋茨堡，那個小鎮上擠滿了人群，人口由一千三百人突增為三萬人。天氣極好，明月高照，涼風徐徐吹來，成千上萬的群眾，都在村莊裏散步，等候天明。人行道上擠得水泄不通，無法行走；於是成百的人，挽著手臂在那沙土街道上，邊走邊唱：「約翰・布朗為國捐軀。」

林肯整個晚上都在修改他的講辭。十一點時，他走到隔壁西華德部長的房間，向他高聲朗誦一遍講辭，請他批評。翌晨，早餐後，林肯還是一直在修改，直到有人叩門通知他時候已到，該領隊前往公墓了。

隊伍剛出發的時候，他在馬上坐得很直挺；漸漸地他的身體向前傾斜，頭垂在胸前，手臂在兩側……他在沈思，複習他的講辭，再加以修正……

當天特別被邀請的演說家愛德華・愛維萊特，犯了兩件極不應該的錯誤。第一，他遲到了一小時；第二，他竟講了兩小時之久。

林肯讀過愛維萊特的講辭，當他聽到演講即將結束時，他知道該輪到自己了，但他的確感覺自己準備不夠充分；他變得坐立不安、膽怯，從口袋中取出原稿，戴上他那副老式眼鏡，趕緊地再溫習一遍。

然後，他站起身來，手拿原稿，在兩分鐘內就講完了。

在那個和煦十一月的下午，群眾是否曉得他們正在聆聽一篇極偉大的演說呢？

不，許多群眾只為了好奇，他們從未見過總統，也不曾聽他演說，他們伸長脖子要看一看林肯，而且都感到奇怪，這樣高大的人講話時聲音竟如此輕，還帶有南方的腔調呢！他們忘記了他是出生於肯塔基州，所以帶有家鄉的口音；等到他們以為他講完序言，開始正式的講辭時——他已經坐下了。

怎麼了？他忘了講辭嗎？還是他要講的就只是這些呢？人們太驚訝！太失望了！竟忘鼓掌。

早年還在印第安納時有好幾年的春天，林肯曾用一把生銹的鋤頭鋤土；但是泥土總愛黏在鋤頭上，弄得一塌糊塗。「不成！」——那是當地人的用語。林肯的一生中，常常引用這句麥田裏的土話，來表示一件事的失敗。他向華德・拉蒙說：「這場演說是大失敗，『不成』！群眾都很失望啊！」

他說的對，連愛德華・愛維萊特和西華德在內，每個人都失望了，他們和總統詞坐在演講台上，都深信他失敗了，競相為他惋惜。

林肯非常不快樂，急得頭痛不已，在返回華盛頓的途中，他躺在火車的起居室裏，用冷水敷頭。

一直到死，林肯還是認為他在蓋茨堡是徹底地失敗了。事實上，若拿當時演說的效果來說，他的確是失敗了。

他謙卑的天性，令他真的感覺這個世界將「不會留意也不會永遠記住」他在蓋茨堡所講的話。假若他今日重生，也必然會大為驚奇，因為他認為「不成」的演講辭，都是一般人最記得的一篇！當南北戰爭的一切漸被遺忘時，他那幾千句名言，卻永存不朽，被認為是文學上的珠璣。

林肯的蓋茨堡講辭，不只是一篇講辭，那正是一個飽經困苦，而造就偉大靈魂的高尚表現。那是一篇極自然的散文詩，莊嚴美妙，抑揚頓挫：

八十有七年前
我們的祖先在這大陸上，
建立了一個新國家，
在自由之中孕育而成，
奉獻致力一個理想；
凡人類皆生而平等。
現在我們正忙於內戰，
為了要考驗如此孕育，
如此貢獻的國家或任何國家，能否長存。

今天我們在這個偉大的戰場上相聚。
我們來此要將這戰場的一部分土地，
奉獻給那些為國家生存而捐軀的人們，
作為安息之處。
這固然是我們的責任和本分，
但從大處來看，
我們不能奉獻——不應奉獻——
也不配奉獻這片土地。
曾在此地作戰的英勇將士，
無論存亡，
所貢獻的已遠超過了我們盡力所能做的一切。
世界不會留意也不會永遠記住我們在此所說的，
但絕不會忘記他們在此地所立的功績。
我們這些存活世上的人，
應該將自己奉獻給在此作戰的將士所努力而未完成的工作。
我們應該將自己奉獻給當前鉅大的事業——

由這些光榮的陣亡者，
我們應獲取對正義更深的信仰，
因為他們已為了正義貢獻了最大的犧牲——
我們更當痛下決心，
不讓死者做無謂的犧牲——
使我們的國家，
在上帝的領導下，
能重見自由再生——
並使這民有、民治、民享的國家。
不致滅亡——

24

一八六一年戰事開始時，在伊利諾州的伽勒納鎮的一家皮革店裏，有位不修邊幅而失望的人坐在一個皮箱上，抽著陶製的煙斗。到目前為止他只找到一種職業，就是會計兼農夫，收購豬和豬皮。

店主是他的兩個弟弟，他們原是不肯雇用他的，然而好幾個月來，他在聖路易的街上遊蕩，仍然沒找到工作，妻子和四個孩子貧困無依。失望之餘，他便借了幾塊錢，動身前往肯塔基州求父親幫助。這個老家有不少錢，但因捨不得花用，於是寫信給兩個小兒子，囑附他們替哥哥找份工作。

於是，他們雇用了他，完全是為著家庭的和諧和施恩。

一天兩塊錢——這是他的工錢——這似乎超過他所應得的，因為他實在沒有做生意的頭腦；他又懶惰又不整潔，他愛喝玉蜀黍釀製的威士忌酒，他永遠背了一身債。他經常向人借用小額的錢，後來，當他的朋友一看見他，總是趕忙走過對街，

以免和他碰面。他畢生所做的事，結果總是失敗和挫折。

這是以前，以後就不然了。

好消息和意外的好運氣快要來臨了。

不久他便光芒萬丈，在榮譽的天空像彗星一般照耀！

當時在他的故鄉無人尊敬他，三年後，他指揮一支了不起的軍隊。

四年後，他戰勝李將軍，結束戰事，並且名垂青史。

八年後他進入白宮。

以後呢，揚揚得意周遊世界，各國元首極力款待他，都要對他獻上尊榮、勳章、鮮花，請他作餐後演說等等——而以前在伽勒納時，人們看見他就向對街躲。

那是一個驚人的故事。

關於他的一切都很奇怪！連他母親的態度都很不正常，她好像一直不喜歡他，當他做了總統後，她拒絕會見他。在他剛出生的時候，她也不替他取名字，倒是親戚們用抽籤的方式解決了這個問題，他們各人將自己喜愛的名字寫在紙條上，扔進帽子裏，然後抽出一個。他的祖母辛普生讀了荷馬的史詩，就在她的紙條上寫了：「海藍·尤利西斯（Ulysses）」，結果抽到了這張，這個名字他用了十七年。

他天生怕羞，口齒遲鈍，所以鄉村中好事者稱他「無用的格蘭特」（Ussless Grant）。在西點軍校時他還有一個綽號。替他填報文件，使他在軍校裏取得名額的那位政客，以為他的中間名字一定是他母親的姓辛普生，於是就替他登記為U．S．格蘭特。當軍校同學曉得他的名字後，便大笑將帽子扔向空中，喊叫：「兄弟們，我們這裏有位『山姆叔叔』（Uncle sam）咧！」從此以後，凡是和他在西點軍校同班的軍官，都稱他山姆．格蘭特。

他也不介意，他朋友極少，人家怎麼稱他，他也不在乎。他老是不修邊幅，總是不扣上他的上衣、不擦槍、不擦鞋、點名時常遲到。他在西點軍校時，並沒有熟讀拿破崙和腓特烈大帝所運用的軍事學說，都專愛看《撒克遜英雄傳》和《馬喜坎族的最後遺民》。

有一件難以置信的事，就是他生平未曾讀過任何一本軍事策略的書。

當他勝利歸來後，波士頓的人民籌款要贈送他一座圖書室，委員會詢問他到底已有了那些書。出乎意料之外，委員會才發現他沒有任何一本關於戰略的書。

他厭惡西點軍隊及與軍隊有關的一切；等他成為舉世聞名的將領後，有一次他在德國閱軍時，向俾斯麥說：

「我對軍事不大感興趣，老實說，我實在是一個農人而不是士兵。雖然我參戰

了兩次，每次入伍，我就感到不快；每次退伍，都非常高興！」

格蘭特承認自己最大的缺點是懶惰。他從來不愛讀書，甚至西點軍校畢業後，他拼寫Knocked時把開頭的K漏掉，拼Safety少掉e，不過，他算術還不錯，而且希望做一個數學教授呢！但始終沒有機會，所以他只得在軍隊裏待了十一年。他必須設法餬口，留在軍隊裏是最簡便的方法。

一八五三年他駐紮在加利福尼亞州的洪德砲台。在鄰近的一個鄉村裏，有一個奇特的人，名叫賴安。賴安開設一家店鋪，又經營一家鋸木廠，有空閒還替人測量，禮拜天他便講道。那時威士忌酒很便宜，賴安牧師在商店後面，經常有一桶開好的酒，桶上吊個小錫杯，任何人想喝時，隨時都可以去喝一盅。格蘭特常常去喝，他很寂寞，很想忘掉他所厭惡的軍隊生活；結果呢？他屢次爛醉如泥，以致被軍隊開除了。

他既一文不名，又沒有工作；只好又回到東部，在密蘇里州他岳父的一所八十英畝的農莊，耕種玉蜀黍餵豬有四年之久。冬天，他劈柴，拖運到聖路易城，賣給城裏的人們。可是每年的收入愈來愈少，因此他不得不再向人借錢。

最後他離開農莊，搬進聖路易，在那邊找工作。他想做房地產的買賣，但完全失敗，在城裏流浪幾個星期，想找份工作——任何工作。最後到了窮途末路，只得把妻子的黑奴出租，賺些錢來支付雜貨店的賬單。

有一樁南北戰爭中最令人驚奇的事實：李認為蓄奴是錯的，早在戰事未發之前，就將他的黑奴解放了；但是格蘭特的妻子，在她丈夫率領北軍要求廢止蓄奴制度時，還是擁有黑奴。

戰爭開始時，格蘭特已厭倦了伽勒納鎮皮革店的工作，又想再回到軍隊裏去。

這對於一個西點軍校的畢業生來說，應該不難吧！因為那時軍隊裏正在徵募成千的新兵。但事實不然，伽勒納鎮組織一隊志願軍時，格蘭特都只能站在人行道上，目送他們遠去；原來他們已經另選一位隊長了。

於是，格蘭特就寫信給國防部，敘述自己的經歷，請求被派為上校。他的信從未得到答覆。等他做了總統之後，才在國防部的一堆卷宗裏找到這封信。

最後他在春田市的副官辦公室找到一份職業，做些十幾歲女孩也能勝任的書記工作。他整天戴著帽子工作，不斷地抽菸，在一張僅剩三隻腳的破爛桌子上抄寫命令，桌子靠著屋角，以免翻倒。

這時發生了一件意外事件，這件事便使他一舉成名。當時，伊利諾州志願軍的第二十一軍團已腐化成一群武裝的暴徒。他們蔑視軍令、咒罵長官，並將老顧德上校驅逐出營，發誓說，假若他再回來，就要剝他的皮釘在酸蘋果樹上。

葉特州長著急了。他並不認為格蘭特是個人才，但他至少是西點軍校畢業的，所以州長想試一試。在一八六一年六月，一個風和日麗的日子，格蘭特走到春田市的操場，要接管那個無人可統馭的軍隊。

他手持一根棍子，腰間束著大紅巾——這是他權威的唯一象徵。

他沒有馬匹、沒有制服、也沒有錢去買這些。他那一頂汗漬斑斑的帽子上有好幾個破洞，外衣袖子露出雙肘。

他的士兵們立刻對他開玩笑，有一個傢伙在他背後用拳打他，另一個又走到那個拳擊家的背後，用力一推，使他向前傾，撞在格蘭特身上。

格蘭特立即制止了他們一切的胡鬧。若有人敢違抗命令，他將整天被綁在柱子上。若是他開口罵人，就用東西塞住他的口。若是團裏點名遲到——有一次果真全團如此——便廿四小時沒有飯吃。這位伽勒納鎮收買豬皮的人，竟然馴服了他們暴躁的脾氣，帶領他們到密蘇里打仗。

不久，他又走好運。當年，國防部濫派准將頭銜。西北伊利諾州曾選派伊利·華士奔為國會議員。華士奔對於政治野心勃勃，總想對本州的父老們表示他有辦法；於是他就到國防部要求他的轄區內至少有一個准將。好吧！但有誰呢？那很簡單，在華士奔的選民當中，只有一個人是西點軍校的畢業生。

過了幾天之後，格蘭特拿起一份聖路易的報紙，看到這件令人驚喜的消息，他已晉升為准將了！

他被派駐伊利諾州開羅的司令部，立刻開始工作。他將軍隊用船運往俄亥俄上游，佔領了肯塔基州的一個重要戰略據點帕度加；而後直下田納西州去攻打那個控制著甘巴蘭河的銅立城砲台。哈萊克一流的軍事專家們都說：「亂講！格蘭特，你簡直在開玩笑！這是不可能的，這樣嘗試無異是自殺！」

格蘭特不顧一切，他去嘗試了，成功了，一個下午便奪取了砲台，並且俘虜了一萬五千人。

格蘭特進攻的期間，南方聯盟的將軍送來一份短箋，請求講和，要談投降的條件，但是格蘭特毫不客氣地回答：

「我唯一的條件是南方聯盟無條件的立即投降，否則我提議立刻攻城。」

收到這份短箋覆函的南軍將領西門・巴克那，原是格蘭特在西點軍校的舊識，當初格蘭特被軍隊開除時，還向他借錢付積欠的房租呢！看在借款的份上，巴克那認為格蘭特至少在措辭上應該客氣些；但是巴克那還是原諒了他，而且終於投降，整個下午和格蘭特抽煙斗敘談舊事。

銅立城砲台失守，影響極大，使北方保住了肯塔基州，北軍得以安然進軍二百

哩，將南軍逐出田納西州的大部分，切斷他們的接濟，造成那士維的陷落，以及素有「密西西比河上的直布羅陀」之稱的哥倫布堡的失守，使南方的士氣低落；而在北方則使緬因州到密西西比州的教堂鳴鐘不已，火焰連天。

那是一次令人驚異的大勝利，歐洲人都大為佩服。這一仗真是戰爭的轉機！

從此，U・S・格蘭特就被稱為「無條件投降」格蘭特，而「我提議立刻攻城」變為了北軍的口號。

全國所期望的大將終於出現了，國會晉升他為少將，派他為西田納西軍部的司令官，不久便成為全國的偶像了。有家報社寫到他在打仗時喜歡抽菸，立刻就有上萬盒的菸送到他面前。但不到三個星期後，格蘭特卻同一位妒忌他的上級軍官給他極不公平的待遇，而忿怒不已！

他在西部的直屬上司便是哈萊克，一個莫名奇妙的笨驢，海軍上將富特稱哈萊克為「軍事上的白癡」，林肯的海軍部長基甸・威爾斯，和哈萊克極熟，給他寫下這樣的評語：「哈萊克毫無才智、毫無希望、毫無建議、毫無計劃、毫無決斷、毫無用處、一事無成，只會罵人、抽菸和搔手肘。」

但是哈萊克自命不凡，他曾在西點軍校當過副教授，寫過有關軍事策略、國際公法以及冶鑛學的書籍，當過銀鑛的經理、鐵路局長，也是個有地位的律師，精通法文，曾翻譯部關於拿破崙的書。在他自己看來，他是著名的學者——亨利・華格・哈萊克。

格蘭特算什麼？只是個無名小卒、酒徒，被革職的軍官。當格蘭特在進攻銅立城砲台前來見他的時候，哈萊克顯得非常無禮，十分藐視、厭惡地，將他的軍事建議置之不理。如今格蘭特已獲得一次大勝利，全國崇拜他；而哈萊克依舊在聖路易搔他的手肘，無人理會，倍受輕視，這下可惱怒了哈萊克！

更糟糕的是，他覺得這位曾經收買豬皮的人在侮辱他。他每天拍電報給格蘭特，而格蘭特竟然不理他的命令。至少，哈萊克是這麼想。其實他錯了！格蘭特寫了不少的報告給他；卻因銅立城失守致使電信截斷，無法互通訊息。哈萊克並不曉得這事，他大怒！勝利和人民的愛戴使格蘭特昏了頭吧？好吧！非請這位年輕小伙子吃點苦頭不可。於是他接二連三地與馬克廉通電話，不斷地毀謗格蘭特。格蘭特這樣，格蘭特那樣——無禮、狂飲、懶惰、藐視命令、低能。「我為他的不聽命和低能，已感到厭倦和疲憊了。」

馬克廉本來就嫉妒格蘭特的名望；因此他覆電給哈萊克一份南北戰爭中最令人不解的電報：「假如是為了職務上的需要，不必猶豫，儘速拘捕他（格蘭特），改令G・F・史密斯統率軍隊吧！」

哈萊克立刻奪去了格蘭特的兵權，令他降級為階下囚，然後靠在椅背上，搔搔手肘倍感得意。

戰爭已歷一年，而唯一為北方軍隊贏得勝利的將軍，卻莫名其妙被人奪去軍權，並且當眾侮辱。

後來格蘭特又復職，然而他卻在西羅戰役造成悲慘的大錯；假若南方盟軍的將領約翰斯頓在戰爭中，不曾因失血過多而陣亡時，也許格蘭特將全軍覆沒而就擒了。西羅之戰是當時了不起的戰役，而格蘭特的損失驚人——一萬三千人。他因處置失當曾遭襲擊，他該受到指責的，許多指責臨到他頭上。他被誣告曾在西羅酩酊大醉，幾百萬人都信以為真。群眾狂怒的浪潮瀰漫全國，民眾要求把他革職。但是林肯說道：「我不能辭去這個人，他善於打戰。」

當人家告訴林肯，格蘭特喝威士忌酒過量時，他卻反問：「是什麼牌的？我正想送幾桶給另外的幾個將軍呢！」

第二年的一月，格蘭特受命遠征維克堡。這一所天然的要塞，高居密西西比河面上二百呎處的高聳絕壁上。這兩段路是費時且困難重重，城中防衛森嚴，河上的砲艦，因為彈力不足無法開砲射擊，格蘭特的困難是要如何使軍隊挨近它，而加以攻擊。

他回到密西西比河心地帶，想由東面進攻，但那個計劃失敗了。

於是他決定斷了河上的堤防，讓他的軍隊坐上小船，渡過沼澤地帶而從北面進攻，但又失敗了。

然後他挖掘一條運河，想改換密西西比河的河道，也失敗了。

那時正是嚴冬，不停地下雨，河水泛濫整個河谷，格蘭特的軍隊在沼澤地帶、濕地、河水支流、凌亂的樹林中和蔓延的野藤中掙扎著。泥沼高至腰部，他們在泥沼中吃飯，在泥沼中睡覺。瘧疾流行，又有痲疹和天花。衛生設施根本談不上，死亡率高得駭人！

維克堡之役是失敗了！到處都有這個呼聲。是一場愚蠢的失敗、悲慘的失敗、近乎犯罪行為的失敗！

格蘭特的親信將軍們——雪曼、麥克法遜、羅干、威爾遜——都認為他的計劃是荒謬的，並深信必然慘敗。全國的報紙都大肆諷刺，人民都要求格蘭特辭職。

「除了我以外，他是沒有朋友了。」林肯說道。

不顧一切的反對，林肯始終支持格蘭特；他的信心終於得到了善報，七月四日，密特將軍在蓋茨堡讓李將軍逃回南方的同一天，格蘭特騎著一匹從傑佛遜・戴維斯農莊上取來的馬，衝進維克堡，而打了一次大勝仗，自華盛頓以來，美國將軍

還不曾如此大勝。

經過八個月的大勝後，格蘭特在維克堡俘虜了四萬人，整個密西西比河都歸入北軍手裏，而且把南方聯盟截為兩半。

這樁消息令全國上下大為興奮。

國會通過特別法案，升格蘭特為中將——自華盛頓死後，一直沒有人得過的一項榮譽——林肯邀請他來白宮，作了一次簡短的演說，任命他為聯邦軍的總司令。

事先已知在就職時他必須致答謝辭，格蘭特從口袋裏抽出一張發縐的紙條，只有三句話。他開始宣讀時，紙就在手裏顫抖，臉頰發紅，雙膝發抖，怎麼也讀不出聲音來。他只好以雙手緊抓住那張顫抖的紙，深深地吸一口氣，然後重新再讀。

這一位伽勒納出身的「豬肉和皮革收買人」，覺得面臨槍林彈雨，比起在十一個人面前作一次答謝辭要容易得多。

林肯夫人，一心一意要使格蘭特在華盛頓的期間熱鬧一番，已經安排了宴客和晚會，要為這一位將軍洗塵。但格蘭特辭謝了，說他必須趕回前線。

「可是我們不能讓你離開啊！」總統堅持著：「林肯夫人的晚宴若沒有你在座，就好像《哈姆雷特》的劇中沒有哈姆雷特出場一樣了。」

「我吃一頓晚飯，」格蘭特答道：「國家一天要損失一百萬元。而且，我已經受夠了這些排場了！」

林肯就愛說直話的人——一個像他自己一樣，討厭「熱鬧馬車和煙火」的人，一個「負起責任苦幹」的人。

林肯的希望日增，他深信，有了格蘭特將軍，一切將順利成功。

但是他錯了。四個月後，國家又陷人比從前更黑暗更失望的地步，林肯又再度徹夜不眠在房間裏踱來踱去，憔悴、疲乏，並且絕望……

25

一八六四年五月，得勝的格蘭特帶著十二萬兩千人，衝過了萊比旦河。他想要打盡李將軍的軍隊，立刻結束戰爭。

李在北維吉尼亞的「曠野」和他會戰。這個地方真是名符其實，起伏不平的山岡，潮濕低地的一片叢林地帶，長滿著松樹和橡樹，下方矮樹叢生，連一隻小野兔都難以鑽過。在陰暗糾結的叢林裏，格蘭特打了一場險惡的血戰。屠殺驚人，叢林也著火，成千成百的傷兵都喪身火窟。

第二天晚上，連這位不易激動的格蘭特也感覺受不了，回營安寢時他哭了。但是每次作戰後，不管戰果怎樣，他總是下同樣的命令：「前進！前進！」血戰的第六天，他發出這著名的電報：「我提議，在這條陣線上拼到底，拼一個夏天好了。」

喔！不但花了整個夏季，還加上一個秋季，一個冬季，直到第二年的春季。

格蘭特所帶的士兵有敵方的兩倍多，而且北方人力充足，隨時可以補給，然而南方卻幾乎是兵盡力窮了。

「那些叛軍，」格蘭特說道：「大半是老弱殘兵。」他認為結束戰爭的唯一且迅速的方法，就是繼續屠殺南軍，直到李將軍投降為止。

就算兩個北軍對一個南軍又怎樣呢？格蘭特能夠立即增援補缺，但李卻不能；於是格蘭特繼續不斷地砲轟、射擊李的軍隊。

在六個禮拜內，他損失了二萬四千九百二十六人——和李所帶的軍隊相等。

在冷港一小時內他就損失了七千人——比在蓋茨堡三天的戰役中雙方死去的總人數還多一千人。到底這樣驚人的損失有什麼好處呢？

我們只好請格蘭特自己來回答：「什麼也沒有。」那是他的結論。冷港的進攻是他平生最大的錯誤。像這樣的殺戮實非普通人的精神或肉體所能承受。於是軍心大潰！士兵們幾乎都要造反，連軍官也準備抗命。

「已是第三十六天了，」格蘭特的一位軍官說道：「在我眼前是一隊繼續不斷的送喪行列。」

林肯雖然也感到傷心至極，但他知道除了繼續戰鬥以外，便別無他法了。他打電報給格蘭特，要他「像一隻猛犬般一口咬住扼殺到底」，然後下令再徵召一百萬

民兵，服役一年至三年。這道命令使全國譁然，整個國家籠罩在絕望的陰影中。

「如今一切都是黑暗、懷疑和失望。」林肯的一位祕書在日記裏寫著。

七月二日國會採納了一件決議案，頗像舊約聖經中希伯來先知們的哀歌。呼籲國人「承認並悔改這一切罪惡，懇求上帝的憐憫和饒恕，並哀求這位世界的最高主宰，不要毀滅我們國家的人民。」

南北兩方一致痛罵林肯，他被譴責為篡位者、賣國賊、獨裁者、魔王、怪物，「一個殘酷的屠夫，視殺人如兒戲，要更多的犧牲者上他的屠宰場。」

有些恨他的政敵都說他該殺。一晚，正當他騎馬前往他的夏季總部「士兵之家」時，一名自稱刺客者朝他開槍，子彈居然穿過了他的絲質高帽。

數星期後，賓州米得維爾一家旅館的主人，在玻璃窗上，發現了一行刀刻的字句：「一八六四年八月十三日亞伯拉罕‧林肯因服毒致死。」這個房間在前一晚是一位當時著名的演員約翰‧威爾克‧布斯所住過的。

六月間，共和黨曾提名林肯再度競選總統。如今他們覺得做錯了，這是個嚴重的錯誤。黨裏幾位有地位的人物力勸林肯退出競選，有人更不客氣地如此要求。他們想再次召開另一次會議，取消他的提名，而另推一個得票較多者代替。

連林肯的至友奧維爾‧布朗寧也在一八六四年七月的日記裏寫著：「國家急切

需要的是一位幹練的領袖來總攬一切政務。」

林肯本身也認為自己是毫無希望了，他根本就不作第二次競選的打算。他是失敗了，他的將軍們失敗了，他的戰略失敗了。人民對於他的領導才幹失去了信心，他怕聯邦本身亦將慘遭毀滅。

「甚至上天，」他嘆道：「也是黑幕低垂！」

終於，有些激進派的人，恨透了林肯，另召開一次大會，提名一位風頭人物約翰・佛烈門為候選人，共和黨因此分裂了。

這情勢很嚴重；無疑地，假若佛烈門後來不自動退出選戰，那末民主黨的候選人馬克廉便可對付分裂的反對黨而獲勝，以致國家的歷史也將改觀。

甚至佛烈門退出後，林肯也僅比馬克廉多二十萬票而已。

不顧人民如何譏諷責罵，林肯還是默默地盡力做，不作任何辯白。

「我希望，」他說道：「如此用心良苦的處理政務，等到我卸任之後，即使我失去了世間所有的朋友，但是至少我還剩下一個朋友——這個朋友深藏在我的內心裏……我不能保證一定會勝利，但我能保證絕對忠實。我不能保證一定成功，但我能保證遵循真理行事。」

疲倦又沮喪，他常獨自躺在沙發上，拿起了聖經翻閱約伯章，尋求安慰：「像

大丈夫一般，振作起來；這是我的吩咐，你當服從。」

在一八六四年的夏天，林肯變得判若兩人，和三年前來自伊利諾州草原上那位體格魁梧的巨人比起來，精神和身體都大不相同。他的笑容一年比一年少，臉上的皺紋更深，雙肩彎垂下來，雙頰凹陷；常鬧胃病，雙腳常發冷，不能安眠，經常帶著一副愁容。他對一位朋友講過：「我覺得我是不會再快樂了！」

名雕刻家奧格斯都・聖高甸看到一八六五年春天人民替林肯塑造的石像時，他居然以為那是一副死亡石像呢，因為在他的臉上留有死亡的痕跡。

名畫家卡朋特，為了要畫解放宣言的畫面，而在白宮裏住了好幾個月，曾經寫過：「曠野之戰的第一週，總統幾乎沒睡過。有三天我走過通往內宅的長廊時，遇見他穿著一件晨衣，踱來踱去，雙手放在背後，雙眼下面有黑圈，頭垂近胸前——一副悲傷、憂慮和焦急的畫面……有許多天，我望見他那滿佈皺紋的面孔時，就情不自禁地哭了。」

客人們常見他頹廢地倒在椅子上顯得筋疲力竭，他們向他招呼時，他不抬頭也不說話。

「我有時候想，」他說：「那群天天來訪的客人，每個人都在對我伸手，奪走我一部分的精力，揚長而去。」

他告訴史杜威夫人，即《黑奴籲天錄》的作者，他這一生是看不到和平了。

「這場戰爭會將我折磨死。」他說。

他的朋友見他如此頹喪，大為驚恐，力勸他休假幾天。

「兩三週的休假對我是無益的，」他回答：「我躲不過我的思想，我幾乎不知道該如何休息，令我疲憊的苦痛仍在我的心中。」

「寡婦和孤兒們的慟哭聲，」他的祕書說道：「常在林肯的耳朵裏。」

老母、情人、妻子，哀求啼哭，天天蜂擁到他面前，要求他特赦那些已被判死刑的人。無論他如何筋疲力盡，林肯總是聆聽他們的訴說，多半允許她們的要求，因為他不忍見婦女哀哭，尤其不忍心見她們抱著一個啼哭的嬰兒。

「等我死後，」他嘆道：「希望人民提起我時會說：『無論在什麼地方，當他拔去一枝荊棘後，若認為花能生長時，就種下一枝花。』」

將軍破口大罵，史坦登則怒氣沖天：林肯的寬容破了軍紀，他不可再干涉這事。其實林肯恨透了准將們的殘酷手段和正規軍的專制。另一方面，他愛惜那些他所賴以獲勝的志願軍——那些人，和他一樣，來自森林和田野。

有人因膽怯逃跑而被判槍斃時，林肯願意赦免他的罪！他說道：「假若我自己

上了戰場，我也不敢保證我是否能不棄槍而逃。」

有志願兵因想家而逃跑時，「唔，我看不出槍斃對他有什麼好處！」有個筋疲力盡的佛蒙特州的農家子弟，因放哨時睡覺而被判死刑。「或許我自己也會犯同樣的錯誤呢！」林肯總是這樣說，也是赦免了他。

他的特赦名單已可以列成好多書頁。

他曾打電報給密特將軍：「我絕不願意讓十八歲以下的男子被槍斃。」當時北方聯電中至少有一百萬名士兵是十八歲以下的。事實上，有二十萬名士兵在十六歲以下，又有十萬名士兵在十五歲以下。

有時總統會在嚴肅的文件中，插進一些幽默語。例如，給摩根上校的電報時說：「假如你還沒有槍斃巴尼，赦免他吧！」

那些喪子的母親們的憂傷使林肯深感悲痛。在一八六四年十一月廿一日，他寫了一封一生中最美麗而著名的信。牛津大學將這封信的副本懸掛在牆上，作為「有史以來最純正最優美的文體模範」。雖然寫的是散文體，在字裡行間都像是帶有諧音的詩歌。

致馬薩諸塞州波士頓市畢克斯比夫人：

適由國防部的案卷中，得閱麻省國軍司令報告，驚悉夫人五個愛子，都已壯烈陣亡。

僕知簡陋之詞，絕無法撫慰夫人悲痛之情於萬一。然而，令郎等為國捐軀，僕略表國人尊崇感激之意，慰藉慈母之哀思。僕當祈求天父撫慰夫人創痛之心；而遺以摯愛之回憶與神聖之光榮。蓋音容雖邈，浩氣長存，夫人能以如此珍貴的犧牲，奉獻於自由之祭壇上，當足以自傲矣！

亞伯拉罕・林肯敬上

一八六四年十一月廿一日書於華盛頓行政大樓

有一天挪亞・布魯克斯送林肯一本霍姆斯的詩集。林肯打開書，便開始大聲朗誦「勒先頓」這首詩，但是當他讀到下面一節：

無名將士長眠處，
寂寞無人草自春。

他的聲音顫抖，幾不成聲，而將書遞還布魯克斯，他低語道：

「你唸吧，我唸不下去了！」

幾個月後，他在白宮裏對朋友們背誦整篇的詩，一字不差。

一八六四年四月五日，林肯收到賓州華盛頓郡的一位傷心女郎的信。「由於恐懼害怕使我遲疑了很久，」她開始寫道：「如今我決定要向你訴說我的煩惱。」原來，和她訂婚幾年的男友從軍去了，後來他獲准回鄉參加選舉投票，而他們兩人，如她所說的，「在婚姻的事上做得太傻太隨便。」如今「放縱的結果將使我們成為不合法的家庭，假如你不憐恤我們，給他休假以彌補已往的過失……我期望並祈禱上帝，求你不要因輕視或惱怒而把我棄之不顧。」

讀完這封信之後，林肯深受感動。他對著窗外凝望，視而不見，眼眶中含著淚水……拿起筆，林肯就在那女子的信後批了幾個字給史坦登：「無論如何，送他回她身邊。」

一八六四年可怕的夏天總算結束，秋天帶來了好消息：雪曼奪取了亞特蘭大，正向喬治亞進軍。法拉格特海軍上將，經過一場激烈的海戰後，佔領了木比耳灣，加強了墨西哥灣的封鎖。雪利敦在施南多亞谷打了一場精采的勝仗。李將軍已不敢公然出兵；於是格蘭特便對彼得斯堡和李奇蒙進行包圍……

南方聯盟快要垮台了。

林肯的將領們開始佔上風，他的政策被證明是可行的，北方的士氣又勃然而興；因此，在十一月他被選為連任總統。但林肯並不認為這是他個人的勝利，只是簡單說道，人民顯然認為「在渡河時換馬」是不聰明的。

四年的戰爭後，林肯並不怨恨南方的人。他常說道：「你們不要批評人，免得被人批評。我們如果在他們的處境，也會和他們採取相同的行動。」

在一八六五年二月間，南方聯盟已瀕臨崩潰，李將軍也在兩個月後投降，林肯建議聯邦政府付給南方各州四百萬元，作為他們解放奴隸的代價；但每位閣員都加以反對，以致林肯只得放棄。

次月，趁著第二任就職時，林肯發表了一篇演說，這篇演說辭被牛津大學的名譽校長克松伯爵稱為「人類修辭中的純金，不，近乎神的修辭。」

走向前，低頭吻一下翻開在以賽亞第五章的聖經，他便開始講一篇好似名劇中的主角所講的演說辭。

「就像一首神聖的詩，」卡爾・修斯寫道，「從來沒有一位元首對他的人民講過這樣的話，（美國）從來沒有一位總統在內心深處藏著這一類的字句。」

這一篇演說的結尾，在作者看來，是人類語言中最高貴最優美的辭句。每次唸

時，總令我想起在一間宏偉的教堂中，那暗淡的燈光下，風琴的抑揚音調。

我們以愛心來希望——我們熱切地祈求——願這場天譴的戰爭能迅速結束。但若上帝的旨意要它繼續下去，直到二百五十年以來，那些得不到酬報的奴隸們流血流汗所堆積的財富為之喪盡，直到每一滴因鞭笞而流出的血，都由另一滴因劍而流出的血來償清為止。三千年前所說的這句話，現在仍適用：「上帝的審判是全然真實而公正的。」

永無惡意，慈悲待人；堅信公理，讓我們一起努力奮鬥來實現我們未完成的工作；要為國家裏好傷口；善待那些為國作戰的人以及他們的孤兒寡婦——力盡本分，使我們國家以及世界各國能建立並維持一種公正與永久的和平。

整整兩個月以後，這篇講詞在春田市林肯的安葬儀式中，重讀了一週。

26

一八六五年的三月下旬，在維吉尼亞州李奇蒙，發生了一件很有意義的事。

傑弗遜・戴維斯夫人，即南方聯盟總統夫人，賣掉了她拉車的馬，把她的私人財物寄在一家雜貨店裏出售，收拾起剩下的行李，搬往更南方……總有什麼事情要發生了。

格蘭特圍攻南方的首都已有九個月了。李的軍隊襤褸飢餓，錢領的少，他們很少領到薪餉；即使領到薪餉，也只是南方政府的紙幣，幾乎不值錢。買一杯咖啡就要三塊錢，五塊錢才能買一根木柴，而一桶麵粉則索價一千塊錢。

脫離聯邦是失敗了，蓄奴制度也崩解，李將軍曉得，他的士兵們也曉得。已有十萬名士兵逃亡，整團的軍隊收拾一切離去。那些留下來的人們轉向宗教尋求安慰和希望，每個營裏都有禱告會，士兵們在呼喊、哭泣、看星象，整團的軍隊在上陣以前都先跪下來禱告。

儘管如此虔誠，李奇蒙還是漸漸陷落了。

在四月二日星期天，李的軍隊放火燒城裏的棉花和菸草倉庫，焚毀兵工廠，破壞船塢中未完成的船隻，晚間，火焰沖天，他們從城中逃出。他們剛剛離城，格蘭特便率領七萬二千人，從兩側和後面追來，雪利敦的騎兵在前面截擊，掘起鐵路，並搶奪補給列車。

雪利敦給總部拍電報：「我想若是繼續追擊，李必定投降。」

林肯回電：「繼續追擊。」於是繼續追擊；格蘭特在追趕八十哩後，終於將南軍四面包圍。他們已落入陷阱，李知道再流血也無濟於事了。

這時，格蘭特因頭痛欲裂，落腳在一家農舍休息，那天是星期六下午。

「我整個晚上，」他在回憶錄記載：「用熱水和芥末洗腳，兩腕和後頸部也敷上芥末膏，希望明天早晨可以痊癒。」

第二天早晨，他霍然而癒。但那不是芥末膏的功效，原來有人飛騎送來了李的一封信，說他要投降了。「送信的軍官來時，」格蘭特寫道：「我的頭還是痛得很厲害，但我一讀完信，立刻就好了。」

兩位將軍當天下午在一所磚造的簡陋房間裏會談，討論條件。格蘭特照例不修邊幅，皮鞋骯髒、沒有帶刀、他所穿的制服和大兵們一樣——只是他在肩膀上掛著三顆銀星，表示他的身分。

他和貴族化的李成了強烈的對比，李將軍的手套鑲著珠子，佩劍上嵌著珠寶，李看上去好像從銅版雕刻畫裏走出來的尊貴戰勝者；而格蘭特卻像是密蘇里州的農夫，到城裡來販賣豬和皮革似的。這一次，格蘭特也自慚形穢，他為了不曾穿戴整潔來赴會而向李道歉。

二十年前，格蘭特和李兩人參加墨西哥之戰時，都是正規軍官。於是他們談起多年前的日子，正規軍在墨西哥邊界度冬的情景，通宵的牌戰，他們演出《奧塞羅》的戲劇時，格蘭特演女主角「黛慕娜」等等的事。

「我們愈談愈有趣，」格蘭特說道：「我幾乎忘了我們會談的目的。」

終於，李把話轉到投降的條件上；而格蘭特在簡略作答後，又重回舊話，回憶二十年前的往事，一八四五年冬天的基督聖體節，野狼在草原中淒嗥……日光在波浪上炫耀閃爍著……三塊錢可買一匹野馬等等的事。

假若不是李第二次打斷他的話題，再度提醒他，他是來談軍隊投降，也許格蘭特整個午就這樣一直話舊下去呢！

於是，格蘭特潦草地寫下投降條件。不像一七八一年華盛頓將軍在約克鎮，對英國人所要求的令人恥辱的投降儀式，繳械後的敵軍須在兩列狂喜的得勝者之間走

過。沒有報復的行為。四年來的血戰，北方的激進份子要求吊死李將軍和其他叛國的西點軍校畢業的軍官；但是格蘭特的條件毫不傷人，李的軍官們獲准保留他們的軍械，士兵則釋放回家；於是南方的士兵，各尋騾馬，回到自己的農莊或棉花田去重整家園。

為什麼投降的條件如此寬大和平呢？因為亞伯拉罕・林肯親筆列述條文。

於是，這場五十萬人傷亡慘重的戰爭，終於在維吉尼亞州的小村落阿波麥托法院，正式結束了。一個風和日麗，花香飄散的春天下午，舉行投降儀式，那天正是棕櫚節（復活節前的星期日）。

當天下午，林肯正好搭乘「河上女皇號」船返回華盛頓。在船上他向朋友們朗誦莎士比亞的作品數小時，讀到《馬克白》中這一段：

鄧肯已入墳；
經過人生陣陣熱病後，他已熟睡；
叛逆已下其毒手；刀劍、毒藥、
奸僕、敵國戰爭、任何事物，
再不能傷害他了。

這些詞句使林肯深受感動，他再讀了一遍，然後停止，日光由船上的圓窗向外凝望、沉思。然後他再繼續朗誦。

五天後，林肯就去世了。

27

我們必須追述一些往事，因為我要告訴各位，一件在李奇蒙陷落前發生的驚人事件——這一事件活生生的刻畫，二十五年來林肯所忍耐的家庭煩惱。

事情發生在格蘭特總部的附近。這位將軍曾經邀請林肯總統及夫人，和他一起在前線度過一個星期。

他們很樂意來，因為林肯已是筋疲力竭。自從進人白宮以來，他未曾休假過，而且他也極想躲避那些謀職的人群，自他當選連任後，他們又來煩擾不休。

因此，他和林肯夫人便搭乘「河上女皇號」，駛入波多馬克河下游，經過啟沙比克灣，又經過舊安適角，駛入詹姆士河而到達市角。就在二百呎高的絕壁上，坐著那個從前在伽勒納鎮收買皮革的人，抽著菸斗，削木頭為戲。

幾天後，總統有些來自華盛頓的貴賓，也來參加盛會，其中有法國公使趙佛樂。很自然地，那些貴賓都極想參觀那在十二哩外，波多馬克河區陸軍的戰線；次日，大家準備出發了——男子騎馬，林肯夫人和格蘭特夫人乘了一部半敞開的馬車隨行。

亞當・巴德將軍——格蘭特的軍事祕書、隨員及至友，受命護衛二位夫人。他坐在馬車前排的座位，臉對著她們，背向著馬。他目睹全部事情的經過，這是摘錄自他所著的《格蘭特平時生活》一書，三百五十六頁到三百六十二頁的記載——

> 在談話中，我隨意提到前線所有軍官的內眷，都奉令要退往後方——這顯然表示不久將有大戰。我說到所有的眷屬都必須離去，只有查理士。格利芬夫人例外，因為格利芬夫人曾得總統特准。
>
> 林肯夫人動怒了。「先生，這是什麼意思？」她嚷道：「你是說她可以單獨見總統嗎？你不知道我不許總統單獨接見任何女子嗎？」
>
> 她非常氣憤可憐又醜陋的亞伯拉罕・林肯。
>
> 我試著安撫她，並且減輕我的語氣，但她已經相當氣憤了。「先生，你那個傲笑就非常可疑，」她嚷叫起來：「立刻讓我下車！我要問問總統，他是否單獨接見那個女人？」
>
> 格利芬夫人，後來是伊斯特海茲伯爵夫人，是華盛頓最有名又最優美的女

人，出身名門，又和格蘭特夫人相識。格蘭特夫人努力想使這位激憤的妻子平靜下來，但始終無效，林肯夫人又命令我喊住車夫，當我猶豫不決時，她竟伸出手臂一把抓住了車夫。最後格蘭特夫人總算勸服了她，等全體下車後再說……

晚上，我們回到營幕後，格蘭特夫人和我談起這件事，又說這件事太不禮貌了，所以我們兩人都不可再提起；至少，我要絕對保持緘默，而她也只想對將軍提一提而已。但是第二天已不必受到約束了，因為有更糟糕的事發生了啊！

這個參觀團，次晨又去看歐特將軍所指揮在詹姆士區的軍隊。依然照昨日的安排。我們先搭乘汽艇往上游去，而後男子騎馬，林肯夫人和格蘭特夫人乘車。我仍奉命護送，但我請求要多加一個同伴；因為有了一次經驗以後，我不願獨自隨車而行。於是賀瑞斯・波德奉命隨行。歐特夫人陪同她的丈夫，因為她是軍總司令之妻，所以不必遵命撤退；然而我確定，當晚她必定後悔而希望自己是在華盛頓，或其他遠離軍隊的地方。她騎馬，因為車上已坐滿。有一陣子她在總統的旁邊騎行著，因此就走在林肯夫人的前面。

當林肯夫人發現時，立刻怒不可遏。「這個女人是什麼意思？」她嚷叫起來：「竟然騎在總統旁邊？又走在我的前面？她以為他需要她陪伴嗎？」

她極其忿怒，致使言語行動都顯得太過火了！

格蘭特夫人只得再加以勸慰，然而林肯夫人也生格蘭特夫人的氣；波德和我所能做的，就是不要再使事情擴大。我們深怕她會跳下車，向著隊伍大嚷大叫啊！

有一次，她在車裏對格蘭特夫人說道：「我看你是自以為會進白宮的，不是嗎？」格蘭特夫人非常平靜而有尊嚴的，僅回答她對現在的地位至感滿足，已超出了她所期望的地位。但是林肯夫人嚷道：「噢！妳若能得到，最好還是爭取吧！那是很舒服的呀！」說完這話之後，又再度指責歐特夫人，格蘭特夫人只得冒著觸怒林肯夫人之危險，為她的朋友辯護。

休息的時候，西華德上校——國務卿的侄子，也是歐特將軍的部下，想說幾句輕鬆的話。「總統的馬非常慇懃啊，林肯夫人。」他說道：「牠總是要在歐特夫人的旁邊走。」

這無疑是火上加油了。

「你這句話是什麼意思，先生？」她嚷道。

西華德發覺他闖禍了，但幸好他的馬立刻出了毛病，不得不留在後面，而

逃出了這場風波。

終於全體到達目的地。歐特夫人來到車旁，林肯夫人便對她加以侮辱，在一群軍官的面前謾罵她，並且質問她追隨總統是什麼意思。這個可憐的女子竟放聲大哭，問她犯了什麼錯誤，然而林肯夫人還是不肯甘休，一直大吵大鬧，到她疲倦為止。格蘭特夫人還極力幫她的朋友辯護，每個人都大感愕然！但一切風波總算結束了，過了一會兒，大家便回市角。

那天晚上，總統和夫人在汽艇上設宴招待格蘭特將軍和夫人，以及將軍的幕僚。當著我們的面，林肯夫人向總統大罵歐特將軍，極力主張必須將他革職，因他不配有這地位，她說，他的妻子更不配。格蘭特將軍坐在旁邊，勇敢地為他的軍官辯護，當然，歐特將軍沒有被革職。

在這次旅行中，類似的情形發生多次。因為格利芬夫人和歐特夫人的緣故，林肯夫人當著眾多軍官的面，不斷抨擊她的丈夫。我從來沒有因一個朋友，而受過比這個更難堪的苦楚，我竟眼看著一國元首，在這危急關頭擔當著全國的一切責任——還要當眾忍受著無法形容的大恥辱。他簡直和基督一樣凡事忍受；但是痛苦抑鬱的表情卻令人為之心碎！而外表又依然莊嚴平靜。他仍然質樸地喊她「母親」，用目光和語調哀求她，努力想為別人的過失說情或解圍，結果她好像一隻母虎似地攻擊他，他只得走開，藏起那高貴但醜陋的臉，免得我們看見他的悲痛表情。

雪曼將軍也目睹了這幾件事，多年以前在他的回憶錄裏也提起這些事來。

巴恩斯艦長也是一個受窘者，巴恩斯陪同歐特夫人參加那次不幸的旅行，而事後他拒絕指出歐特夫人有什麼錯，林肯夫人就永遠懷恨在心。一兩天後，他因公事去見總統，當時林肯夫人和某些人也在座。總統夫人對他出言無禮，在座的人都聽到了。林肯默默無語，但過一會兒，他走到這位年輕艦長前，挽起他的手，帶他到書房裏，說是要給他看一份圖表。巴恩斯告訴我，他不曾提起發生的事情，他不能責罵他的太太；但是他表示歉意，也對這位軍官表示敬意。他的態度依我看來，實在是高尚而有修養啊！

在這些事件發生前不久，史坦登夫人曾來參觀市角，我偶然問起有關總統夫人的一些問題。

「我和林肯夫人是不來往的。」她回答。

我想我一定聽錯了；國防部長夫人當然會去訪問總統夫人的。於是，我又再問一遍。

「聽清楚，先生，」她重複地說：「我是不到白宮去的；我不拜訪林肯夫

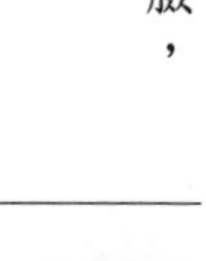

人！」我和史坦登夫人不熟悉，而這次談話如此唐突，以致我永不忘懷；但是後來我當然明白了。

林肯夫人依然對格蘭特夫人無禮，她總想勸慰林肯夫人，然而這一來更使林肯夫人惱怒不已。有一次她居然責罵格蘭特夫人不該在她面前坐下。「妳怎麼敢坐下？」她說：「我沒請妳坐下呀！」

伊利莎白・吉克雷夫人，某次陪同林肯夫人去參觀格蘭特的總部，講到總統夫人在「河上女皇號」舉行的晚宴——

有一位來賓是年輕的軍官，隸屬於衛生委員會。他坐在林肯夫人旁邊，開玩笑地說道：「林肯夫人，你應該去看看那一天總統凱旋進入李奇蒙的情況啊！他是眾目之標的。婦女們都揮手送飛吻給他，搖著手帕向他招呼，他被這些年輕婦女團團圍住，他是她們心目中的英雄啊！」

這位年輕的軍官突然閉嘴，滿面窘態。

林肯夫人怒眼瞪著他，並說他那不拘小節的言行使她討厭。

跟著是一場大鬧，我想這位惹林肯夫人生氣的上尉，是永遠也忘不了的！

「我一生從未見過比她更古怪的女人，」吉克雷夫人說道：「找遍全世界，也沒有與她相同的人。」

「你碰到任何一個美國人，都可以問：『林肯的妻子究竟是怎樣的一個女人啊？』荷諾麗・威爾西・慕洛女士在《瑪麗・陶德・林肯》書中說道：「大概有百分之九十九會回答，她是個潑婦、是丈夫的禍根、粗俗的蠢人、是個瘋子！」

林肯畢生的悲劇，不是他被暗殺，而是他的婚姻。

當布斯開槍時，林肯並不曉得是怎麼回事，但二十三年來，他幾乎每天都坐食赫登所謂的「不幸婚姻的苦果」。

「在黨的鬥爭和叛亂之戰的大風暴中，」巴德將軍說道：「在極度苦難下……猶如十字架的苦難……家庭的悲慘，如牛膝草一般壓到他的唇上，而他也說道：『天父啊！赦免他們，因為他們不知道他們所做的。』」

林肯當總統時，最親密的朋友就是奧維爾・布朗寧，是伊利諾州的參議員。他們彼此認識有二十五年之久，布朗寧常去白宮晚餐，有時也在那裏夜宿。他有一本詳細的日記，但我們不知道他到底對林肯夫人有過什麼批評，因為獲准閱讀日記的人，都必須誓約絕不提起她的任何缺點。這份文稿最近賣出付印，但附有條件，在印書之前，有關林肯夫人的敘述一概刪去。

在白宮的宴會上，照例總統須選擇一位女客，和他領隊進入餐廳。

但是管他習慣也好，例規也好，林肯夫人總是不能容忍啊！什麼話？別的女人走在她前面？扶著總統的手臂？絕對不可！

於是，她隨心所欲，令華盛頓的社交圈大為嘩然。

她不但不許總統和另一個女子同行，甚至他和別的女子談話時，她都妒忌地望著他，批評他。

要參加大宴會以前，總統都要走到他那位善妒的妻子跟前，問問他可以和誰談話。她就把每一個女子一一提起，說她討厭這個，憎惡那個。

「但是，」他不免抗議一句：「我必須和人家談話呀！我不能像個傻子，站在那裏，一言不發呀！假如妳不肯告訴我可以和誰談話，那麼請告訴我，不可以和誰說話。」

她仍堅持己見，也不管結果如何。有一次，她威脅林肯，如不提升某一個軍官，她就當眾趴在泥巴裏。

另外一次，在重要的會議中，她衝進辦公室，嘮叨不休。林肯也不回答什麼，安詳地起身，將她抱起，送出門外，回身把門鎖上，繼續談論事情，好像若無其事一般。

她去請教一個招魂的人，他告訴她，林肯的內閣全是他的仇敵。

那並沒有使她驚訝，她本來就不喜歡他們。

她看不起西華德，叫他「偽君子」、「廢奴主義的小人」，說他不可靠，並警告林肯不要理他。

「她對蔡斯的敵意，」吉克雷夫人說：「極為深刻。」

其理由之一就是：蔡斯的女兒凱迪，她和一個富人結婚了，又是華盛頓社交圈裏最美麗動人的女子。凱迪有時參加白宮宴會；而令林肯夫人極為怨恨的是，她會吸引男客們到她面前，她的風頭太健。

吉克雷夫人說：「林肯夫人最嫉妒別人比她更有名氣，她極不願意蔡斯的女兒因父親位居高官，而獲得社交地位。」

激動又憤怒，她再三催促林肯，將蔡斯從內閣中除去。

她厭棄史坦登，他若對她有所批評時，她就將書籍或報紙上，描寫他脾氣暴躁而遭人厭報導，寄給他以示報復。

對於這些毒罵，林肯總是說道：「妳弄錯了；妳太過偏見，而且不停下來思考一番。我若聽從妳，不久便沒有內閣了。」

她非常不喜歡安德烈・約翰遜；她恨馬克廉；她藐視格蘭特，喊他為「倔強的傻瓜和屠山夫」，並說她若領兵還比他強些，又常說，假如他當選總統，則在他任內，她一定遠離美國，永不回國。

「唔，」林肯說：「假定我們准妳帶兵，妳一定比任何將軍都要做得好些。」

李將軍投降後，格蘭特將軍和夫人來到華盛頓。全城燈火滿天，群眾歌舞昇平，到處是狂歡焰火；於是林肯夫人寫信給將軍，邀請他與她和總統，一同乘車遊街「看看熱鬧！」但她沒有邀請格蘭特夫人。

過了幾天，她邀請格蘭特將軍夫人和史坦登部長夫人，坐在總統包廂裏看戲。史坦登夫人一接到請帖，趕忙去見格蘭特夫人，問她是否要去。

「除非妳也接受邀請，」史坦登夫人說道：「否則，我將予婉謝。妳若不在座，我是不願與林肯夫人同坐一包廂的。」

格蘭特夫人不敢接受。她知道若是將軍走進包廂，觀眾一定會熱烈鼓掌，歡迎這位「阿波麥托的英雄」！

這樣一來，林肯夫人將會怎樣呢？那是無法預料的，或許又會當眾大鬧一場。

格蘭特夫人於是謝絕了邀請，史坦登夫人也一樣，也許便因此而救了她們丈夫的命。因為就在那天晚上，布斯潛入了總統的包廂，射殺林肯；假若史坦登和格蘭特也在座，或許也會被射殺了也說不定啊！

28

一八六三年，有一群維吉尼亞的蓄奴大資本家們，出資成立一個祕密組織，其目的就是要謀殺亞伯拉罕・林肯。一八六四年十二月，阿拉巴馬州塞爾馬的一家報紙上出現了一條廣告，呼籲大家捐款，也是為了這個目的。同時南方其他各州的書報，也為他的死亡而有重金懸賞。

可是，最後射殺了林肯的人，既非為了愛國，亦非為了錢。約翰・威爾克・布斯幹了這件事，是為了要出名啊！

布斯是何等人呢？他是一個戲劇演員，天生極得人心，具有個人的吸引力。林肯的祕書說他是，一如希臘神話中的美男子，是他自己世界中的天之驕子。」法蘭西斯・威爾遜，在他寫的布斯傳記裏面，聲稱，「他是世界上成功的情人……當他走過時，女子們在街上都停下來，不自覺地望著他興嘆！」

當布斯二十三歲時，便已成為戲劇界的偶像；他最出名的角色是羅密歐，無論他在何處演戲，熱情女郎總是寫給他很多書信。他在波士頓演出時，成群的婦女擠在德烈門特戲院前，望眼欲穿地只為看他一眼。一夜，一個妒忌的女演員亨利亞達．歐爾文，在旅館房間裏向他刺了一刀然後自殺。而在布斯射殺了林肯的第二天早晨，他的另一個情人，愛爾拉．特爾諾，曉得了她的情人居然成為謀殺犯，便逃出了城市，心中憂苦至極！就把他的照片緊抱在胸前，也服毒自殺。

但這許多女性的逢迎愛慕，給布斯帶來幸福了嗎？很少！因為他的勝利幾乎全在中下層社會，然而他心中一直有個火熱的野心，就是要在大城市博得喝采！

不過，紐約的評論家覺得他不行，而且在費城他竟然被轟下台了。

這太氣人了！因為布斯家有許多名演員。三十年來，他的父親邱尼司。布魯達斯．布斯，一直是第一流的明星。他演出莎士比亞的角色，是人人皆知的。是美國戲劇史上史無前例的成就啊！老布斯最愛約翰．威爾克，使他自信將來是布斯家中最偉大的一個。

可是事實上，約翰．威爾克並沒有具備多少天份，他又不肯努力。他長得漂亮，被寵壞了！又懶惰，他總是懶得學習。相對地，他蹉跎了他的年輕時代，專愛騎馬，在馬里蘭農莊的樹林裏奔馳，對著樹木或松鼠發表英雄般的演說，拿著一枝墨西哥戰爭時用的長槍，在空中胡亂揮舞。

老布斯家不許吃肉，而且教兒子們不可殺生——甚至響尾蛇也不可。但是約翰・威爾克顯然不受他父親的影響，他喜歡射擊和破壞。有時候他拿著槍對著貓或獵犬亂打一陣，有一次他竟然殺死了鄰居的一隻豬。

後來他在啟沙比克灣捉牡蠣，之後成為一位演員。他已二十六歲了，是熱情女孩們的偶像，但在他自己眼中，他還是失敗的。而且，他非常妒忌哥哥愛德恩，因為他看到愛德恩得到了他一直所熱切渴望的名聲。

他沉思許久，終於決定要使自己一夜成名。

這便是他的第一個計劃：他晚上跟隨林肯到戲院；趁著他的同謀者熄滅燈光的時候，布斯便衝進林肯的包廂，將他綑綁起來，扔下舞台，由後門送出去，丟人馬車裏，在黑夜中奔馳而去。

努力加速奔駛，他可在黎明前到達煙草港鎮上。然後他乘船渡過波多馬克河，騎馬奔馳南下，衝過維吉尼亞州，直到他把這位北軍總司令，安全地送到李奇蒙南軍的刺刀前。

然後呢？

唔，那麼南方就可以開列條件，使戰爭立刻停止。

這樣輝煌的成就要歸於誰呢？就是天才約翰．威爾克．布斯啊！他便可以加倍成名，比他的哥哥愛德恩出名一百倍，在歷史上他可以和威廉．泰爾相比——這便是他的夢想。

那時他在戲院一年可賺二萬元。如今金錢對他沒有多少意義了，因為他正為著遠比物質更重要的名聲而奔波呀！他用存款供給一班南方聯盟的人，就是他在巴爾的摩和華盛頓一帶找出的一群同情南方的人。布斯向他們保證，他一定會富有而且成名。

至於他們，是多麼雜亂的一群啊！司邦格勒，一個酗酒的養牛兼捉蟹者；阿澤洛，目不識丁的油漆匠、走私商，有著細絲般的頭髮和頰髭，是個粗暴凶野的傢伙；安諾德，游手好閒的農夫，也是南軍的逃兵；歐拉林，馬廄的工人，混身是馬和威士忌酒的氣味；蘇拉特，一個愛擺架子的傻店員；鮑威爾，一文不名的粗漢，眼光凶狠，半瘋癲，是一位浸信會牧師的兒子；赫樓，一個愚蠢的懶惰蟲，整日在馬棚裏閒蕩著，談論馬和女人，全靠他的寡母和七個姊妹所給的零用錢過日子。

就靠著這一批不成材的同黨，布斯正準備要扮演他一生中的重要角色呢！他不惜耗費時間和金錢。他買了一副手銬，在適當地點安排了接替用的快馬，買了三艘船，安置在煙草港的小灣，裝備了槳和船夫，隨時準備一有機會，便要出發。

終於，一八六五年一月，他認為時機已到，林肯要在那個月十八日上福特戲院，去看愛德恩・福烈斯特演出的《傑克・開德》。消息傳遍全鎮，布斯也聽到了，於是那天晚上他準備好繩索，懷著滿腔希望——結果呢？什麼也沒有！林肯沒有出來。

兩個月後，據說林肯在某一天下午要乘車出城，到附近一個軍營裏看戲。於是布斯和他的同謀們，騎著馬，帶著獵刀和手鎗，躲在總統要經過的樹林裏。但是當白宮的馬車經過時，林肯卻沒有在裡面，又碰壁了，布斯氣極了！咒罵著，拉著他那烏黑的鬍鬚，並用馬鞭打著靴子。他受夠了！他不要再上當了。假若他不能夠逮捕林肯，老天在上，他就殺死他。

幾個禮拜後，李將軍投降了，而戰事也結束了，布斯知道此時活捉總統也沒有什麼意義；便決意要射殺林肯。

布斯不必久等了。在下個星期五，他理好頭髮，到福特戲院去拿信件。聽說當天晚上有一個包廂是總統定的。

「什麼？」布斯叫起來了：「那個老流氓今晚會來嗎？」

舞台管理員已經在準備今晚的大事。左包廂懸掛著國旗，背後襯著花邊帳幕和華盛頓的畫像，並拆除中間的壁板，加寬包廂，糊上大紅紙，又特地放了一張胡桃木製的大搖椅，為了使總統的長腿得以舒適地伸展。

布斯向一個舞台工役賄賂，將搖椅放在他所希望的位置——放在包廂裏最靠近觀眾的角落，這樣一來，就沒有人會留意到他進來。在搖椅後面有一個門，他在門上鑽了一個小洞；又在由前排通到包廂的門後的牆壁上，挖了一個缺口，這樣，他可以用木板來攔住門口。之後，布斯回到旅館，寫了一封長信給「國內消息」的編者，說明這次謀殺是出於愛國心，並宣稱後世的人一定會尊敬他。他簽字，亦交給一個演員，吩咐他第二天發表。

然後他又去租了一匹栗色的馬，他誇牠跑得「像一隻貓」般地輕快迅速，而後召集他的同謀者，叫他們也都找來坐騎；他交給阿澤洛一支槍，要他射殺副總統；又給鮑威爾一支手槍和刀，吩咐他謀殺西華德。

那天是星期五，平常是戲院生意最清淡的日子，可是那天鎮上都擠滿了軍官和士兵，都想要瞻仰這位軍隊的總司令，城裏還是歡欣鼓舞著，慶祝戰爭結束了。凱旋拱門仍舊橫跨在賓夕法尼亞大街上，街上喜氣洋溢，有舞蹈和火把的遊行。那晚當總統乘車上戲院時，人民高聲歡呼。他到達福特戲院時，已經客滿，有幾百個人竟然買不到票了。

第一幕演到一半時，總統一夥人才進場，剛好是八點四十分。演員都暫停，鞠躬致敬。盛裝的觀眾高呼歡迎，樂隊奏起「向領袖致敬！」林肯點頭答禮，分開禮服的燕尾，坐在紅絨的胡桃木搖椅上。

林肯夫人的右邊坐的是她的客人：拉斯朋少校和他的未婚妻克麗拉．哈利斯小姐，亦即紐約參議員伊拉．哈利斯的女兒，在華盛頓社交圈內頗有地位，為林肯夫人所欣賞。

羅拉．金尼正在演出有名的喜劇《我們的美國表親》，場面輕鬆愉快，滿堂的觀眾，笑聲蕩漾不已。

林肯下午曾和他的妻子駕車出遊；她後來說，那天他似乎顯得比平日更高興。為什麼不呢？和平、勝利、聯邦、自由。那天下午他向她提起，在他第二任職期滿後，他打算做些什麼事。第一，他們要在歐洲或加州休息許久；回來後，他或許要在芝加哥開一個律師事務所，或是返回春田市，靜度他的餘年，如從前一般，乘車巡迴出庭，這是他所愛的。他在伊利諾州認識的幾個老朋友，也在那天下午到白宮來看他，他忙著談笑，以致林肯夫人幾乎沒法兒催他去吃晚飯。

前一天晚上，他做了一個怪夢。早晨他向內閣人員談起：「我像是乘坐一艘很特別而無法形容的船，」他說：「那船以極快的速度，駛向一個黑暗而無邊的對

岸。我每次面臨大事或勝利前，必做這種不平常的夢。在安提坦、石河、蓋茨堡、維克斯堡之戰前，我都曾經有過這個夢。」

他相信這個夢是吉兆，預告著好消息，有什麼美妙的事情即將發生。

十時十分，布斯喝夠了威士忌酒，穿著暗色的騎馬褲、馬靴和馬刺，最後一次進人戲院——並且注意了總統的座位。手裏拿著一頂黑色的軟邊帽，他就上了那通到前排的樓梯，在排滿椅子的通路裏擠過去，直走到通至包廂的走廊上。

總統的守衛擋住他，布斯出示他的名片，堂而皇之地說總統要召見他；也不等守衛的允許，便推門擠進去，隨手關上走廊的門，用一根木條把門頂住。

他先在總統背後門上的小洞裏偷看，目測好距離，然後安靜地打開門。把槍口對準林肯的頭部，扣動了扳機，然後迅速地向舞台上一跳。

林肯的頭向前低垂，然後再向旁邊倒下。

他沒有發出任何聲音。

起初，觀眾以為槍聲和跳到舞合的那個人都是劇情的一部分。連演員在內，沒人知道總統遇害了。

然後，有女子的尖叫聲，劃破了戲院，大家的眼睛都集中在那個包廂。拉斯朋少校手臂上流著鮮血，大聲嚷道：「抓住那個人！抓住他！他剛射殺了總統！」

一時靜默無聲，一縷煙由總統包廂裏飄出來。忽然秩序大亂起來，觀眾都恐慌而狂亂。他們由座位中跳出來，打斷欄杆，又想爬上舞台，拉拉扯扯，彼此踐踏。有人骨頭被踏斷，女人們呼喊、昏倒，又有尖聲怪叫，夾著凶狠的嚷鬧：「吊死他！」……「槍斃他！」……「燒掉戲院！」

有人叫嚷戲院也會被炸毀，人心愈加恐慌。一隊慌張的士兵加速衝進戲院，槍口上著剩刀，指向群眾，嚷著：「滾出去！去你的！滾開！」

觀眾中有醫生來查驗總統的傷口，知道那是致命之傷，就不肯把這個垂死的人，搖搖晃晃地從石子路上送回白宮。

於是，四個士兵把他抬起來——兩個抬肩、兩個抬腳，扛著他那副細長的身體，走出戲院，過了街道。他的傷口流出鮮血，染紅了街道；人們跪下，以手帕來蘸血——這些手帕他們將畢生視為至寶，傳給子孫。

憑著閃亮的軍刀和直立起來的馬匹，騎兵們衝開一條路。受傷的總統被抬過街道，到對面一個裁縫師住的破公寓裏，把他安放在一張塌陷的床上，並將床拖到發著黃光的煤氣燈下。

那是一間九呎寬十七呎長的房間，床頭上方懸掛一張羅沙・包諾爾畫的「馬市」複製品。

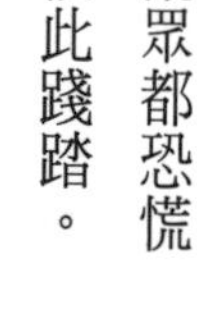

這件悲慘的消息，像一陣颶風似地傳遍了華盛頓；而緊接著又有壞消息傳來：在林肯被射殺的同時，西華德國務卿也在床上被人用刀刺傷，恐怕活不成了。除此之外，還有更令人害怕的謠言，在那天夜裏像閃電似地傳開了：副總統約翰遜被殺，史坦登被暗殺，格蘭特也被射殺了。謠言四起！

人民以為南軍的投降是一種詭計，南方聯盟的人奸詐地潛入華盛頓，設法一網打盡政府的要員們，然後南方的軍隊再武裝起來。如此一來，另一次更殘酷的戰爭就要再爆發了。

神祕的送信者在住宅區亂跑，在人行道上輕敲兩下，連續三次——這是一個祕密組織及聯邦同盟的危險信號。聽了這信號，會員們都抓起槍枝，慌忙向街上狂奔而去。

群眾舉起火把、拿著繩索，滿街亂跑亂嚷：「燒掉戲院！」、「吊死這個賣國賊！」、「殺死叛徒！」

那真是瘋狂混亂的一夜！

電報很快傳出消息，使全城激動起來。那些平日對南方表示同情的人，都被綁在柱子上，受人嘲罵戲弄，塗以焦油插上羽毛；有些人的頭顱則被人用石頭打破。

巴爾的摩的美術陳列館被人搗毀，因為裏面有布斯的畫像；在馬里蘭有一個編輯被人用槍殺死，因為他曾經登載過一些無禮謾罵林肯的文章。

總統垂死；副總統約翰遜酩酊大醉，臥在床上，他的頭髮沾滿污泥；國務卿西華德被刺垂危。於是，行政大權便操在那粗暴而個性乖戾的國防部長愛德華·史坦登手中了。

史坦登認為所有的政府高級官員都會被殺，在十分緊張中，他不斷發出命令，守候在他垂死的長官床邊，利用高帽子做墊子寫命令。他吩咐衛兵要嚴加看守他和同僚們的住宅；他沒收福特戲院，並且逮捕每一個與它有關聯的人；宣布華盛頓是在被包圍的狀態下。他動員了哥倫比亞區內的全部軍警、附近軍營或要塞區的軍隊、全國的祕密警察、以及軍法局的密探；他在全城每間隔五十呎處放哨；每一個渡口派人看守，命令汽船和兵艦巡邏波多馬克河。

史坦登拍電報給紐約的警察廳長，要求趕緊派遣最好的警探來；吩咐要嚴守加拿大邊境；又吩咐巴爾的摩「俄亥俄鐵路公司」的總經理，把在費城的格蘭特將軍攔截，立刻送回華盛頓，且須在他的列車前頭，附加一部開路車。

他派遣一隊步兵到馬里蘭南方港，又派一千個騎兵急緝謀殺犯，不住地說道：「他一定會向南方逃。由城裏起，要仔細看守波多馬克河。」

布斯打出的子彈，由林肯左耳下射入頭部，斜穿過大腦，在靠近右眼半吋處止住。若是精力稍差的人早就完了；但林肯卻又活了九個小時之久，痛苦地呻吟著。

林肯夫人被安頓在別的房間裏；但每小時她總是堅持要回到他的床邊。她哭喊著：「啊！上帝，我的丈夫真要死去了嗎？」

有一次，當她撫摸著他的臉，把自己潮濕的面頰貼近他時，他忽然沈重地呻吟起來。這位精神狂亂的總統夫人，尖聲疾叫，便昏倒在地上。

史坦登一聽到這陣騷動，慌忙衝進來，嚷道：「把這個女人帶走，不要再讓她進來了！」

七點鐘後，呻吟聲停止了，林肯的呼吸變得平靜。

「一種說不出的平靜，」他的一位祕書寫道：「呈現在他那疲憊的臉上。」

有時人在去世之前，神志會突然清醒片刻。

在這最後平靜的片刻裏，或許在他那隱密的心版上，充滿快樂的回憶，久已忘懷的回憶——在印第安納州鹿角谷的小屋前，用圓水頭生火過夜；桑嘉孟河沖過新沙連的磨坊堤，發出轟轟巨響；安妮在紡紗輪旁唱著歌；老白馬吃著玉蜀黍；奧蘭德說著那口吃法官的笑話，以及春田市的律師事務所牆上有墨水漬印，書架上有花種萌芽。

在這生死掙扎的漫長時間內、一位軍隊醫官——李勒醫生，一直坐在林肯的床邊，握著他的手。七點廿二分，醫生放好林肯那已無脈息的雙臂，在眼皮上放了半元的銀幣，以便使眼睛閉上，又用手絹縛緊他的下顎。牧師做了禱告。外面冷雨淒淒，打著屋頂。巴恩斯將軍用床單蓋住了總統的臉；史坦登一邊哭，一邊拉下窗簾，遮住晨光，說了一句值得紀念的話：「如今他是永垂青史了！」

第二天，小泰德問一位到白宮來的訪客，他的父親是不是在天堂。

「我絲毫不懷疑啊！」客人答道。

「那麼，我很高興他已經去世，」泰德說道：「因為自從他來這裏以後，從未快樂過，這個地方對他是不相宜的。」

〈全書終〉

國家圖書館出版品預行編目資料

林肯外傳／戴爾．卡耐基 著 -- 初版
-- 新北市：新潮社文化事業有限公司，2022.06
冊；　公分
ISBN 978-986-316-831-7（平裝）
1. CST：林肯（ Lincoln, Abraham, 1809-1865）
2. CST：傳記

785.28　　111004208

林肯外傳

作　　者　戴爾．卡耐基
主　　編　林郁
企　　劃　天蠍座文創製作
出　　版　新潮社文化事業有限公司
電話 02-8666-5711
傳真 02-8666-5833
E-mail：service@xcsbook.com.tw

印前作業　東豪印刷事業有限公司
印刷作業　福霖印刷有限公司

總 經 銷　創智文化有限公司
新北市土城區忠承路 89 號 6F（永寧科技園區）
電話 02-2268-3489
傳真 02-2269-6560

初　　版　2022 年 6 月